Générez des Images avec Automatic1111:

de zéro à Héros

ISBN : 9798864294932

Introduction

Dans ce livre vous allez apprendre à générer des images avec **Automatic1111** de manière très simple. Vous verrez qu'il n'est pas nécessaire d'avoir des connaissances en intelligence artificielle ni même en programmation pour générer des images par IA.

Il y a encore quelques années, ou quelques mois, il fallait faire appel à une designer pour avoir un dessin, un logo, une image. Aujourd'hui il vous suffira d'écrire un texte de quelques lignes d'appuyer sur Générer et vous aurez votre image dans les 30 secondes qui suivent. Ce modèle de génération d'images est incroyable et vous verrez que vous ne pourrez plus vous en passer.

Vous allez dire: ok, mais un logo ou un dessin, on n'a pas besoin tous les jours, on le fait une fois, deux fois dans notre vie et c'est bon. Ok, mais maintenant que ce procédé est viable, imaginez si vous pouviez créer votre propre BD ou votre propre manga. Vous n'aurez absolument plus aucun dessin à faire, c'est le modèle qui les dessinera pour vous. Vos personnages, vos arrières-plans et le reste, vous n'allez absolument rien faire à part lui dire quoi dessiner et ensuite vous serez le créateur d'un manga que vous aurez généré en quelques jours.

Très bien mais concrètement qu'est-ce qu'on apprend dans ce livre ?

C'est très simple, déjà on va installer ce système de génération d'image, ensuite je vais vous apprendre à générer des images à partir d'un texte. Je vais vous apprendre à modifier une image à partir d'une image réelle en ajoutant un texte, en lui disant par exemple modifie la couleur des cheveux je veux que ce personnage soit blond. Ou alors vous allez dessiner sur une zone de l'image en disant: à la place de cette partie-là je veux que ce soit comme ça. Vous allez gribouiller une tache noire à côté d'un personnage et dire là je veux un chat.

Je vais « survoler » le concept pour créer nos propres **embeddings**. Mais qu'est-ce que c'est un embedding ? un embedding c'est très simple, plutôt que de lui dire génère-moi un homme, petit grassouillet avec une salopette, une casquette rouge et un M sur la casquette, vous lui enverrez plusieurs images d'un personnage, disons d'un plombier de jeux vidéo et vous lui direz il s'appelle Nario (nom pris au hasard) et après à chaque fois que vous utiliserez son nom il vous créera automatiquement le personnage et vous n'aurez plus besoin de lui détailler ces caractéristiques physiques.

C'est quelque chose de très puissant. Imaginez si vous pouviez faire ça pour vos personnages, vos décors et tout le reste, au lieu de détailler à chaque fois: je veux que l'arrière-plan soit un château avec des briques de cette couleur, la porte de cette couleur, imaginez si vous pouviez marquer: "arrière-plan château", "personnage perso01" etc… ça irait beaucoup plus vite que de devoir tout détailler à chaque fois.

Mais ce n'est pas tout, imaginez que vous arriviez à créer le personnage voulu mais qu'il ne soit pas dans la position que vous souhaitiez; et bien je vais vous apprendre **ControlNet**. ControlNet c'est un système qui permet de lui envoyer une image avec un personnage qui est dans une certaine position, vous allez ensuite lui donner le texte de ce que vous voulez créer en lui disant je veux que la position du personnage soit comme celle de l'image que je t'ai montré. Alors bien sûr, vous allez pas réellement lui expliquer ça. vous lui envoyez simplement l'image en cliquant sur deux trois boutons et le système comprendra que le personnage que vous voulez générer, vous voulez qu'il soit dans cette position. C'est très puissant.

6

Chapitre 1 : Installation

Introduction

Dans ce chapitre nous allons installer **Automatic1111**

Je vais expliquer l'installation pour Windows.

Tout d'abord c'est Windows 10 qu'il vous faudra ensuite vous allez avoir besoin de Python 3.10 et exactement c'est la version:

Python 3.10.6.

Si vous n'avez pas Python ou si vous avez la 3.11 ou la 3.9 vous allez devoir vous rendre sur le site de Python pour l'installer et surtout, vous n'oubliez pas de l'ajouter à votre PATH. Il y a une option pour ça n'oubliez pas de cliquer dessus pour ajouter au PATH. Une fois fait vous ouvrez une invite de commande et vous tapez :

python –version (il s'agit de deux tirets de la touche 6 sur les claviers « azerty »). Si vous voyez que vous avez la python 3.10, c'est bon vous pouvez passer à l'étape suivante, sinon vous allez devoir modifier votre version de Python ou l'installer si elle n'est toujours pas installée.

Clonage du dépôt:

Pour ceux qui ont GIT et qui savent s'en servir, vous allez devoir cloner le dépôt d'Automatic1111. Voici la commande:

git clone https://github.com/AUTOMATIC1111/stable-diffusion-webui.git

 Quant à ceux qui n'ont pas compris ce que j'ai écrit rendez-vous sur ce lien et ensuite: cliquez sur **Code** et **Download Zip.**

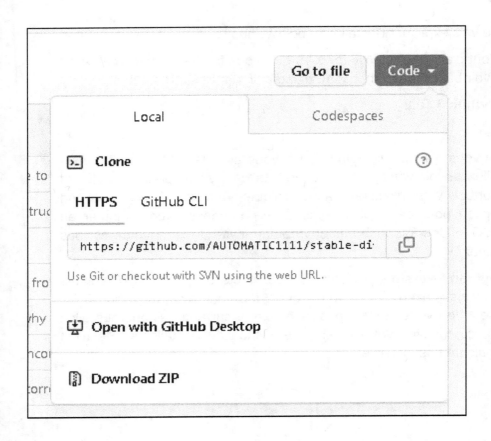

Téléchargez ensuite le fichier zip dans le dossier de votre choix et décompressez-le.

Nous allons devoir lui donner un modèle de base pour travailler. J'expliquerai plus tard ce que sont les modèles, pour l'instant rendez-vous dans le dossier :

stable-diffusion-webui / models / stable-diffusion

et vous allez télécharger et y placer le modèle qui est sur le lien suivant:

https://huggingface.co/runwayml/stable-diffusion-v1-5/ resolve/main/v1-5-pruned-emaonly.ckpt

Maintenant retournez dans le dossier **stable-diffusion-webui** Et double-cliquez sur l'icône **webui-user.bat.**

Vous devriez avoir une invite de commande qui s'ouvre et qui charge de plus en plus de texte. Attendez qu'elle finisse. C'est un peu long, surtout la première fois. Vous allez y voir l'instruction suivante :

Running on local URL: http://127.0.0.1:7860

Ouvrez donc une page internet avec l'adresse indiquée et votre interface d'Automatic1111 se chargera.

Si vous voyez quelque chose de similaire à la capture suivante (voir capture plus bas), Félicitations vous pouvez passer au chapitre suivant.

Sinon je vais vous donner quelques astuces pour vous déboguer.

1. Vérifiez votre installation Python

2. Vérifiez que vous avez assez de mémoire Vidéo et de RAM. Il faut une carte graphique avec au moins 8Go de VRAM pour que cela fonctionne et au moins 16 Go de RAM.

Si vous avez moins de VRAM :

Ouvrez le fichier "webui-user.bat" (en faisant clic-droit : éditer ou modifier) et remplacez la ligne:

set COMMANDLINE_ARGS=

par :

set COMMANDLINE_ARGS=--xformers –medvram

Enregistrez le fichier et relancez-le.

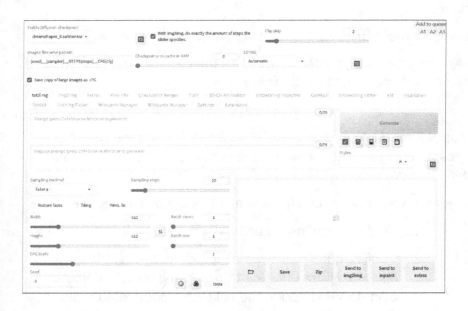

Si vous voyez l'interface de la capture, c'est que ça marche.

Chapitre 2 : Découvrir l'interface

Introduction

Dans ce chapitre nous allons découvrir l'interface d'Automatic1111 et nous allons passer en revue les différents menus et différentes options. C'est un gros chapitre mais nous reviendrons plus tard sur chacune de ces options, alors pas de panique si vous ne comprenez pas tout du premier coup

Comme vous l'avez vu sur la dernière capture au chapitre précédent, vous allez arriver sur une interface assez chargée. Je vous propose de retourner voir la capture pour vous imprégner un peu de cette l'interface et de ses menus, je vais ensuite vous détailler les éléments un par un ou du moins les principaux, ceux que nous verrons en premier.

On commence en haut à gauche avec le menu déroulant qui est sous le titre **Stable Diffusion checkpoint.**
C'est ici que vous aurez vos modèles qu'on appelle aussi checkpoints.

Un modèle sert à définir en quelque sorte le type de générations que nous allons créer. Je sais ce n'est pas très clair, je vais reformuler.
Imaginez au tout début. Votre système ne connaît rien. Il faut lui apprendre comment créer et pour cela il a besoin d'un modèle. Un modèle (de manière très simplifié) est créé en recevant des images avec des labels (des noms) alors si un développeur en IA crée un modèle en lui envoyant que des images dans le style de Picasso, votre automatic1111 si vous lui chargez ce modèle ne va générer des images que dans ce style-là. Des modèles il y en a des centaines et ils sont répertoriés sur un site internet dont nous parlerons plus tard dans ce livre. Pour l'instant, vous n'avez qu'un modèle de base que je vous ai fait télécharger au début.

Donc sur la capture suivante vous avez ce fameux menu déroulant, ou l'on y voit que j'ai le modèle **dreamshaper_8**

Stable Diffusion checkpoint

dreamshaper_8.safetensor ▾

Sur la capture suivante on y voit les onglets des différents menus. J'ai volontairement raturé ceux que j'ai rajoutés et dont vous n'aurez pas forcement besoin.

Le premier c'est txt2img, c'est dans cet onglet que vous allez générer des images à partir d'un texte.

Le deuxième c'est img2img, c'est dans cet onglet que vous allez modifier une image existante. Soit en lui donnant simplement du texte, soit en délimitant une zone sur l'image pour notifier à automatic1111 que c'est la que vous voulez modifier et ne pas toucher au reste de l'image (c'est très puissant).

Le troisième Extras, c'est la que vous allez redimensionner vos images.

Single Image   Batch Process   Batch from Directory

⬚ Source

Déposer l'Image Ici
- ou -
Cliquer pour Télécharger

Generate

Scale by   Scale to

Resize   4

Upscaler 1
None ▾

Upscaler 2   Upscaler 2 visibility   0
None ▾

GFPGAN visibility   0

CodeFormer visibility   0   CodeFormer weight (0 = maximum   0
                                      effect, 1 = minimum effect)

Pixel art   ◀

Le quatrième, (plus intéressant) c'est là que vous allez prendre l'image que quelqu'un d'autre à générer pour y récupérer tous les paramètres qui ont permis de la créer, dans le but de la recréer ou de vous en servir comme base pour en créer une nouvelle version. Regardez son interface :

Regardez, je vais lui passer une image que j'ai généré il y a un moment :

On y voit les infos à droite mais à la limite, je n'ai même pas besoin de m'en soucier car je clique sur Send to txt2img et regarder le résultat :

18

Tous les paramètres sont déjà définis pour générer cette images à nouveau.

Le cinquième onglet, c'est là que vous allez fusionner des modèles. Je vous explique brièvement ce que c'est que la fusion, (le merge) de modèles. Si vous avez un modèle qui génère des personnages dans le style Picasso et un autre qui génère des Pokemons, en faisant un merge entre ces deux modèles vous allez en créer un troisième qui va pouvoir créer des Pokemons dans le style Picasso.

En réalité cet exemple-là est inutile car vous pouvez créer des images dans le style Picasso plus directement mais c'était juste un exemple, vous avez compris l'idée. Voici son interface :

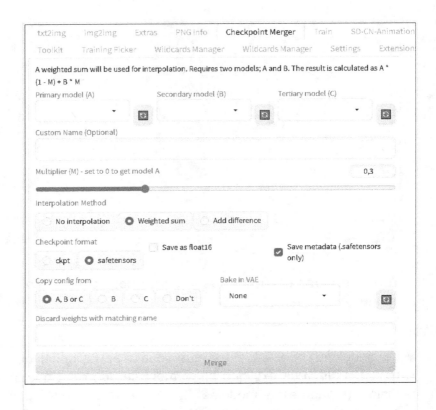

Le sixième onglet, Train, c'est pour créer des embeddings c'est à dire de pouvoir créer des parties de l'image rien qu'avec un mot plutôt que d'avoir à réécrire tout le descriptif de ce qu'il faudrait pour le créer.

Si vous avez réussi à créer le personnage parfait mais qu'à chaque fois il vous faut 2 lignes de descriptions pour le créer, vous devriez en créer un embedding et le nommer par exemple : mon_perso. Suite à ça il vous suffira de mettre : mon_perso pour le créer. Mais c'est même plus puissant puisque vous pourrez mettre :

20

mon_perso, blonde hair
Et vous l'aurez dans une variante blonde.

Il faudrait un livre entier pour apprendre à créer des embeddings alors je ne peux pas tout détailler ici mais je vais essayer d'aller à l'essentiel. Voici l'interface pour créer des embeddings et hypernetworks (nous arrivons sur l'onglet pour créer des embeddings):

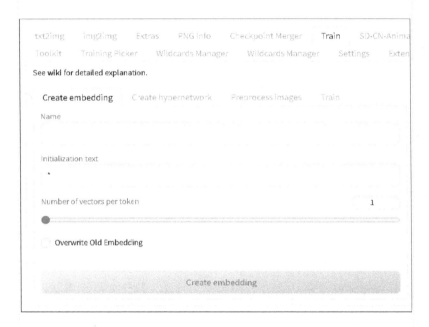

Puis vous avez aussi un onglet pour créer des hypernetworks. Alors honnêtement, quand on est débutant, Embedding (que l'on nomme aussi : « Textual Inversion ») et Hypernetwork, c'est du pareil au même. Mais dans la façon de les créer quand on est un peu plus callé, on se rend compte qu'il y a des différences.

Regardez tout de même l'interface pour créer des hypernetworks :

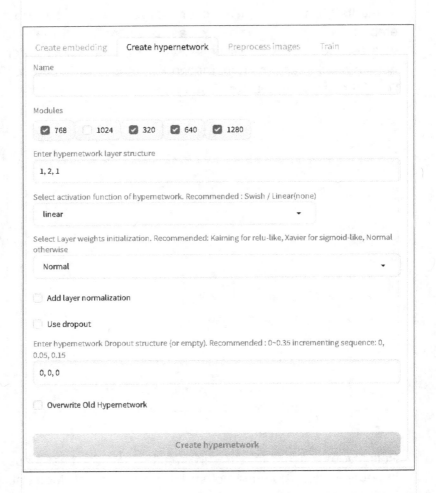

Nous reparlerons de cela plus loin. Mais ces deux types d'options ont une interface d'entraînement commune, que je vous montre dans les captures suivantes. La prochaine est la partie pour pré-traiter les images car oui, pour entraîner un embedding il faut lui donner les images d'un personnage par exemple et c'est en s'entraînant qu'il pourra recréer des versions de ce personnage juste en recevant son nom dans le prompt :

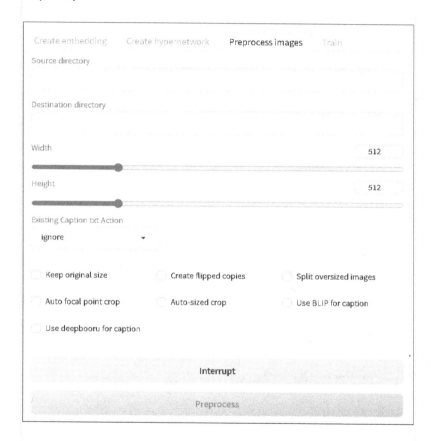

Vous lui donner le dossier des images pour l'entrainer, le dossier de destination. La taille des images (laissez 512x512). Il faut que chaque image possède un fichier texte qui décrive ce qu'il y a sur l'image. Mais si vous cliquez sur use Blip for caption c'est automatique. Voyons maintenant le sous-onglet Train pour l'entraînement :

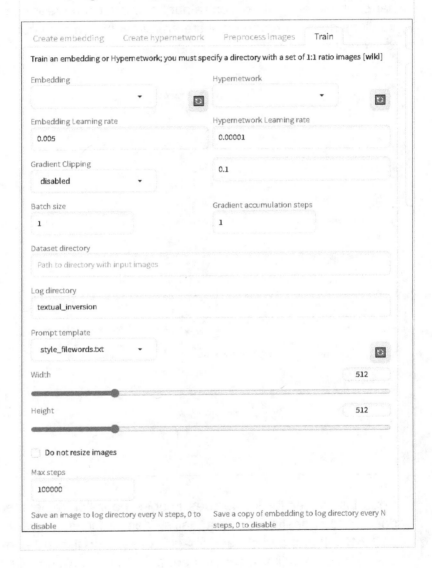

Le septième onglet, Settings, c'est là que vous modifierez les paramètres du système. Nous sautons cette partie pour l'instant.

Le huitième onglet, Extensions, c'est là que comme son nom l'indique vous allez installer des extensions. Nous y reviendrons car il y en a de très intéressantes.

Mais regardons tout de même d'un peu plus près comment ça se présente :

On arrive sur un onglet des extensions installées. On peut vérifier si certaines nécessites une mise à jour. Nous allons dans Available pour vérifier celles qui sont disponibles :

Il faut cliquer sur Load from, à condition que l'url soit celle du dépôt github de Automatic1111. Ce qui aura pour effet de charger les extensions que nous pourrons installer.

Voici la capture de ce qui nous attend ensuite :

Extension	Description		Action
CivBrowser script, tab, online	Extension to search and download Civitai models in multiple tabs. Save model information. Send sample infotext to txt2img. Update: Added: 2023-10-02 Created:	stars: 9	Install
EasyPhoto script, tab, training, manipulations	Support easy photo generation with an online-trained LoRA model that guarantees high-quality output images closely relevant to the input. Update: Added: 2023-10-01 Created:	stars: 9	Install
sd-webui-rich-text tab, UI related, prompting, editing, manipulations	An extension allows using a rich-text editor for text-to-image generation (https://github.com/songweige/rich-text-to-image). Update: Added: 2023-10-01 Created:	stars: 9	Install
Ranbooru script, dropdown, prompting, online	Get random prompts from different boorus with a lot of creative features to influence the prompts. Works with txt2img and img2img Update: Added: 2023-10-01 Created:	stars: 9	Install
sd-webui-bg-mask editing	Generate a mask for the image- background Update: Added: 2023-09-25 Created:	stars: 9	Install
Fast PNG Info tab	Allows you to view PNG Info off an image without upload to webui's backend server, significantly faster when webui is hosted remotely like on Colab. Update: 2023-06-17 Added: 2022-09-17 Created: 2023-02-03	stars: 13	Install
Model Mixer models, manipulations	Checkpoint Model Mixer/Merger extension - merges models without saving a merged model, and is used for image generation. Support Merge Block Weights, XYZ plots, etc. Update: 2023-09-77 Added: 2023-09-25 Created: 2023-09-24	stars: 25	Install
PromptsBrowser UI related, prompting	An extension to quickly work with, explore, and catalog prompts. Update: 2023-09-13 Added: 2023-09-25 Created: 2022-09-77	stars: 11	Install
Scenario loader script, tab, dropdown, UI	A series of tool to make it easier to create images. Update: 2023-09-26 Added: 2023-09-03 Created: 2023-07-31	stars: 13	Install

C'est du classique, à gauche le nom, au milieu la description et le bouton pour l'installer à droite. Suite à cela il faudra retourner dans le premier onglet. Celui Installed et cliquer sur : Apply and restart UI pour que les modifications prennent effet.

Très bien, explorons l'onglet txt2img.
Sur la capture suivante vous pouvez apercevoir votre meilleur allié et aussi votre pire ennemi.

C'est la zone de texte qui va vous permettre de demander ce que vous voulez créer. Je souhaiterais souligner deux choses. La première c'est que tout doit se marquer en Anglais et la seconde et vous l'aurez remarqué c'est qu'il y a deux prompts (oui, oui dans le domaine de l'IA, une zone de texte pour créer quelque chose on nomme cela un prompt). Donc je disais, il y a deux prompts. Le premier c'est celui que l'on nomme Positive prompt (ou juste prompt) et c'est dans celui-là qu'il faudra écrire ce que vous voulez. Quant au deuxième c'est celui que l'on nomme Negative prompt (il est toujours nommé Negative celui-là) et c'est dans celui-là que vous allez noter ce que vous ne voulez pas.

Toujours là ?
Alors on continue. Sur la capture suivante, vous y voyez tout un tas de boutons. Je vous les détaille.

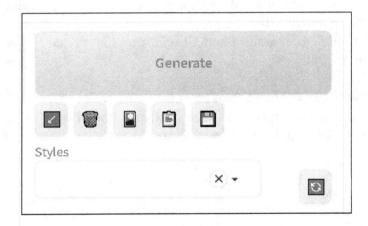

Le premier, en orange, c'est bien évidement pour générer l'image une fois que vous avez écris votre prompt (ou vos prompts) et défini vos paramètres.

En dessous le premier bouton, le bleu avec la flèche c'est pour réutiliser le dernier prompt. Imaginez que vous ayez redémarré le système mais que vous ayez généré une super image juste avant et que vous voulez reprendre ses prompts pour modifier quelques mot-clés. Vous n'allez pas tout réécrire, vous cliquez simplement sur ce bouton et ça vous affiche tout le prompt (ou les prompts s'il y avait aussi le Negative prompt) qu'il y avait précédemment.

Le deuxième bouton, la corbeille, c'est pour supprimer le prompt pour le vider.

Le troisième bouton, c'est pour afficher la liste de vos embeddings.

Voici un exemple :

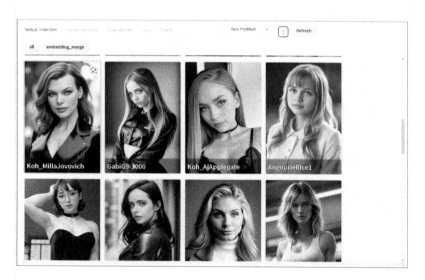

Je n'ai qu'à cliquer sur l'un des embeddings et son nom s'affichera dans le prompt, ce qui permettra de le générer dans l'image.

Le quatrième bouton, je le saute temporairement pour passer au dernier.

Le cinquième boutons, c'est pour garder votre prompt actuel comme style. Imaginez que ce prompt soit (je le marque en Français juste pour l'exemple):

Super ciel bleu, avec quelques nuages blancs, sur une colline.

Et bien en cliquant sur ce bouton (la disquette) vous allez garder ce style, une fenêtre va vous demander quel nom vous comptez lui donner. Et quand vous validerez, ce style sera disponible dans le menu Styles juste en dessous.

Pour appliquer ce style à nouveau sur une autre image par exemple. Il vous suffira de le sélectionner dans la liste des Styles. Puis de cliquer sur le quatrième bouton. (Celui juste avant la disquette, que j'ai sauté).

Le bouton tout en bas à droite est pour actualiser la liste des Styles.

Passons à la suite. Maintenant attaquons-nous aux paramètres pour la génération.

Sur la capture suivante je vous montre le bloc des paramètres de manière générale et je vous les décompose ensuite pour vous les détailler.

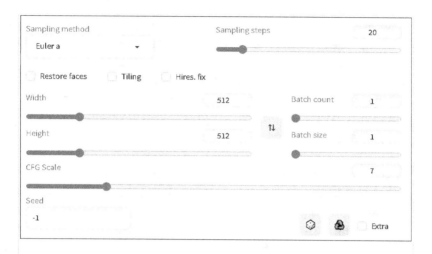

Comme vous le voyez, ça commence à faire beaucoup mais ne vous inquiétez pas je vais y aller étape par étape.

Commençons avec la première ligne :

A gauche vous avez le sampler et à droite vous avez le nombre d'étapes. Je vais essayer d'y aller le plus basiquement possible pour ce début de livre pour ne pas perdre une bonne partie d'entre-vous.

Alors pour faire très simple, le sampler c'est la façon de générer l'image. Chaque sampler a sa façon de faire et vous allez vite voir qu'une image peut être totalement différente avec deux samplers différents même si tous les autres paramètres sont les mêmes. Quant au paramètre de droite : le nombre d'étapes (sampling steps en Anglais) il s'agit tout simplement du nombre d'étapes que vous choisissez pour générer l'image. Si vous en mettez que très peu comme 5 par exemple, ce sera très rapide, mais l'image sera moins travaillée. Si vous en mettez beaucoup comme 70 par exemple, l'image sera très travaillée mais la génération sera beaucoup plus longue.

Attention tout de même, un grand nombre d'étapes ne signifie pas que l'image sera obligatoirement réussie car, beaucoup de paramètres rentrent en ligne de compte.
Sur la capture suivante, voici la liste des Samplers :

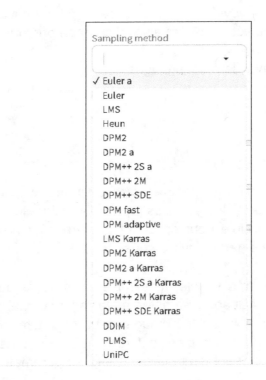

Les samplers nécessiteraient un livre à eux tout seul alors nous reviendront sur quel sampler choisir à quel moment mais pour l'instant, faisons au plus simple et passons à la suite.

Sur la capture suivante vous avez des boutons à cocher qui sont pour, restaurer les visages, faire du tiling c'est à dire qu'en collant une image à côté d'elle-même ça s'emboîte parfaitement, comme un papier peint. Et Hires. Fix qui est pour redimensionner l'image avec des paramètres à définir en fonction de ce que vous souhaitez. (on passe pour l'instant.)

☐ Restore faces	☐ Tiling	☐ Hires. fix

Sur la capture suivante, le choix de la taille pour votre image. Alors j'attire votre attention sur le fait que les images ont été entraînées dans une certaine résolution et qu'il serait préférable de garder les ratios 256 / 384 / 512 / 768.

Pour infos si vous allez plus haut j'espère que vous avez une très bonne carte graphique, sinon il faudra passer par Hires. Fix.

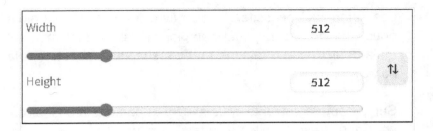

Je rappelle que width c'est pour la largeur et height c'est pour la hauteur. Le bouton double flèche à côté c'est pour inverser les valeurs.

Sur la capture suivante, c'est pour choisir le nombre d'images que vous voulez générer. Alors attention je vais simplifier:

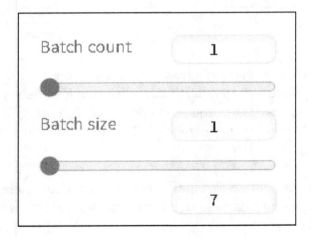

Batch Size c'est pour le nombre d'images dans un paquet.

Batch count c'est pour le nombre de paquets que vous voulez générer. Générer beaucoup de paquets n'impacte pas votre carte graphique à la condition que Batch size soit à 1. Mais si vous changez le batch size, vous augmentez la charge sur votre carte graphique. Si votre carte graphique a du mal à générer des images en 1024 pixels sur 1024 pixels n'allez pas mettre un batch size à 3 ou 4 sur des images à 512x512.

Il faut mieux demander un Batch count à 20 avec un Batch size à 1, plutôt qu'un Batch count à 5 avec un Batch size à 4.

Car si ça plante, vous aurez un MemoryError et un MemoryError sur la carte graphique ce n'est pas sûr que vous puissiez vous en sortir en redémarrant Automatic1111. Il faudra peut être redémarrer l'ordinateur.

Sur la capture suivante, il y a un paramètre qui va être au centre de votre réflexion.

Le CFG Scale, qui veut dire Classifier Free Guidance Scale. C'est en quelque sorte le ratio que vous demander entre la créativité et le respect des instructions de vos prompts.

Je vais métaphoriser les deux extrêmes : Si vous mettez 1,0

c'est comme si vous disiez au système : « Ouais moi je t'ai donné des instructions mais, fais comme tu veux, c'est toi qui gères ».

Maintenant si vous mettez 20,0, c'est un peu comme si vous étiez général que le système était un soldat et que le respect de vos paramètres par le système était relié avec l'intérêt national.

Alors bien sûr c'est une métaphore et j'exagère pour vous le faire retenir plus vite, mais ne sortez jamais de la fourchette 5.0 à 15.0. Et je vous garanti que 5 et 15 c'est déjà de l'abus. Sur le net les pros conseillent entre 7 et 13.

Attention, ce n'est pas le moment de bayer aux corneilles car on passe au **seed...**

Le seed (Graine) est une invention qui ne pouvait être qu'humaine. C'est un moyen qui a été créé pour rendre le hasard, **non-hasardeux**. (Pour comprendre l'ironie de la situation, il faut savoir où en sont les développeurs dans la création du hasard en programmation. C'est à dire : nulle part). Nous sommes incapable de créer le hasard, mais nous avons tout de même cherché à le rendre moins hasardeux.

On va prendre une métaphore ce sera plus simple. Disons que le système c'est votre pote Doumé et que le hasard c'est la quantité d'eau que vous lui réclamez quand vous criez :

Hey Doumé, envoies-moi un peu d'eau !

Doumé vous envoie un seau d'eau… Mais…sans le seau.

A ce moment-là vous êtes d'accord pour dire que si vous essayez d'attraper l'eau en joignant vos mains, vous n'aurez jamais deux fois la même quantité d'eau si vous recommencez l'expérience ?

Eh bien la seed, c'est en quelques sorte, le verre vide que vous avez eu l'idée de placer en dessous de l'eau qui arrive. Vous aurez toujours le même niveau, à savoir : la capacité du verre.

Pour la seed, c'est pareil, vous aurez toujours la même image avec la même seed.

La seed est donc un champ qui accepte un nombre plus ou moins grand. Quand elle est à -1 elle est nulle.

Pour les deux boutons, celui de gauche en forme de dès, c'est pour la remettre à -1 et celui de droite c'est pour réutiliser la seed de l'image que vous venez de générer pour l'image suivante.

Pour la capture suivante il s'agit de boutons post-générations.

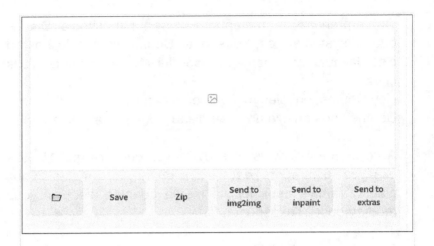

| | Save | Zip | Send to img2img | Send to inpaint | Send to extras |

Le première avec l'icône de dossier c'est pour ouvrir le dossier qui contient les images générées. Le bouton Save je le trouve redondant surtout si vous n'avez pas modifié les paramètres initiaux, vos images seront sauvées dans le dossier mentionné plus haut. Le bouton Zip se passe de commentaires.

Passons aux boutons plus importants :

Send to img2img : pour envoyer votre image dans l'onglet img2img et la modifier. Nous verrons cela plus loin.

Send to inpaint : C'est le img2img que je vous ai déjà mentionné, avec la possibilité de choisir une zone de l'image à modifier. C'est pareil, nous verrons cela plus loin.

Send to Extras : Je vous ai déjà brièvement parlé de Extras, je n'y reviens pas pour l'instant.

Quand à la grosse zone au dessus des boutons, c'est ici que sera affichée votre image pendant la génération (progressivement) et qu'elle restera affichée à la fin. Sauf si vous le modifiez dans les paramètres Settings.

Nous allons passer à la partie img2img mais avant cela je vais vous faire générer votre première image.

Dans le prompt tapez Cat. Laissez le sampler sur Euler A, mettez le Sampling steps à 15. Pour la taille mettez soit 512 et 512 soit 256 et 256 en fonction de la capacité de votre carte graphique. Mettez le CFG Scale à 7.0. Et cliquez sur Generate.

Exercices :

- Recommencez avec un Sampling steps à 30.
- Puis remettez le sampling à 15 et un CFG Scale à 12.0.
- Puis sampling à 30 et CFG à 12.0 refaites ces étapes avec un autre sampler.
- Jouez aussi avec la seed.

Quand vous aurez fini, cliquez sur Send to img to img.

Passons maintenant à img2img pour générer une image à partir d'une autre.

Regardez la capture suivante :

Toolkit   Training Picker   Wildcards Manager   Wildcards Manager   Settings   Extensions

0/75

Prompt (press Ctrl+Enter or Alt+Enter to generate)

0/75

Negative prompt (press Ctrl+Enter or Alt+Enter to generate)

img2img   Sketch   Inpaint   inpaint sketch   inpaint upload   Batch

Sav

Déposer l'image ici
- ou -
Cliquer pour Télécharger

Copy image to:

img2img   sketch

inpaint   inpaint sketch

Nous avons toujours les deux prompts, ça ça ne change pas.
Nous avons maintenant plusieurs onglets plus bas.

Img2img qui est le img2img classique. C'est à dire que vous lui fournissez une image dans le champs juste en dessous. Soit en la faisant glisser soit en cliquant et en allant la sélectionner. Dans votre cas, vous devriez l'avoir fait depuis text2img en ayant cliqué sur Send to img2img et votre image devrait se trouver au milieu de la zone.

L'onglet **sketch** Vous avez la possibilité de créer un dessin ou une esquisse qui servira de base à votre nouvelle illustration. Même si l'interface est assez basique, elle vous permet de faire des dessins simples ou de superposer un dessin sur une image préexistante pour l'ajuster.

Créer une esquisse :

Pour réaliser une esquisse directement dans Automatic1111, commencez avec une image 'vierge' (comme un carré blanc ou noir, par exemple). Vous pouvez alors utiliser l'outil crayon pour dessiner sur cette surface, en ajustant les couleurs et les épaisseurs selon vos besoins.

Inpaint est le mode le plus intéressant ici puisqu'il prend une image et que l'on peut définir les zones que l'on souhaite modifier sur cette image.

Inpaint Sketch : La fonction Inpaint Sketch combine l'Inpainting et le Sketch : Elle vous permet de dessiner comme si vous étiez dans la section de croquis, tout en ne restaurant que la zone que vous avez illustrée. Tout ce qui est en dehors de votre dessin reste inchangé.

Inpaint Upload : La fonction Inpaint Upload vous permet d'employer une image de masque au lieu de la créer directement dans l'interface. Cela fonctionne de la même manière que l'inpainting classique, sauf que vous sélectionnez une deuxième image dans l'espace dédié au masque, et c'est cette image qui servira de masque.

Le masque doit être en noir et blanc : la partie noire restera inchangée, tandis que la partie blanche sera retravaillée par l'intelligence artificielle. Il est également nécessaire que l'image du masque ait un ratio hauteur/largeur similaire à celui de l'image originale.

Onglet Batch
Cette section vous donne la possibilité de réaliser de la conversion img2img ou de l'inpainting en masse. Pour mener à bien de l'inpainting en lot, voici ce que vous devez indiquer :

Requis : Un dossier sur votre machine contenant toutes les images originales.

Optionnel : Le dossier où seront sauvegardées les images créées. Si ce champ est laissé vide, les images seront stockées dans le dossier par défaut (outputs/img2img-images).
Optionnel : Un dossier sur votre ordinateur renfermant des images de masques pour l'inpainting. Une image de masque est nécessaire pour chaque image source et doit porter le même nom que cette dernière. Si ce champ est laissé vide, il s'agira d'une conversion img2img en série.

Il n'y a pas grand-chose à dire sur le sous-onglet img2img de l'onglet img2img. Je vous propose donc de passer à inpaint.
Mais bien sûr rien ne vous empêche d'être curieux et de l'essayer.

Avant de basculer sur Inpaint, je me dois de vous parler d'une option importante qui est le : Denoising strength.
Le Denoising strength est le ratio de modification de l'image que vous demandez par rapport à l'image initiale.

Et comme je sens que vous aimez mes métaphores je vais en faire une autre ici.

Votre image initiale c'est un verre avec un logo dessus. Votre prompt c'est : « retire le logo », si vous mettez le Denoising strength à 0, il va retirer le logo par la pensée et si vous le mettez à 1, il va le retirer avec un marteau-piqueur.

Denoising strength à 0, vous aurez l'impression que rien n'a été fait, mais s'il est à 1. ça n'aura plus aucun rapport avec votre image.

Et dans ce cas précis (img2img) le Denoising strength et le sampling steps se neutralisent un peu. Ce qui est compréhensible, car si l'on met un Denoising strength à 0 (c'est à dire, ne modifie rien) et qu'on lui dit de mettre 80 étapes. Il va faire quoi pendant ces 80 étapes ? Mais l'inverse est vrai, si on met le Denoising strength à 1 (c'est à dire, image totalement différente) et qu'on lui donne 1 seule étape, il le fait comment en une seule étape ?

Cette fois-ci nous passons à Inpaint :

J'ai volontairement zappé les options suivantes dans img2img parce que ce sont les mêmes pour inpaint alors nous en parlerons ici.

Resize mode			
⦿ Just resize	○ Crop and resize	○ Resize and fill	○ Just resize (latent upscale)

Mais commençons par avoir une vue d'ensemble de l'interface d'inpaint. Regardez la capture suivante :

Bon alors je vous ai un peu spoilé avec la capture sur le resize mais je vous la remets :

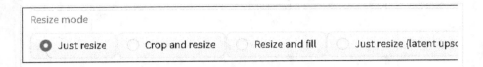

Ce sont les modes de redimensionnement de l'image à générer. Nous les verrons au cas par cas. Passons à la capture des paramètres les plus importants pour inpaint:

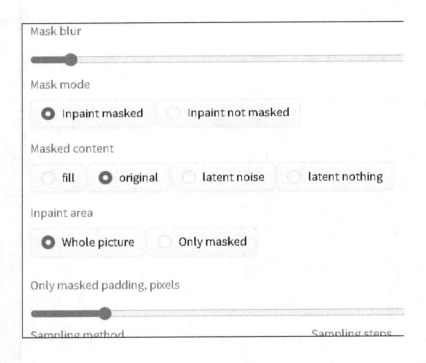

Commençons avec le **Mask Blur**, c'est le floutage du masque en pixels (nous allons voir plus bas comment utiliser le masque). Je vous conseille de mettre ce paramètre entre 4 et 10.

Ensuite vous pouvez choisir entre :

Inpaint masked ou **inpaint not masked**.
Ce qui signifie que si vous choisissez inpaint masked, la zone que vous allez peindre sera la zone qui sera modifiée et si vous choisissez inpaint not masked, la zone que vous allez peindre sera la zone qui ne bougera pas et ce sera le reste de l'image qui sera modifiée.

Pour le **masked content**, laissez sur original pour l'instant.
Inpaint area : Il y a **Whole picture** et **only masked**. Je vais essayer de vous expliquer ça de la manière la plus simple possible mais en gros si vous choisissez Whole picture il se basera sur toute l'image pour générer la partie de la zone que vous avez choisie. En gros (attention, j'ai dit « en gros », c'est juste pour vous faire comprendre) c'est comme s'il gardait le thème des couleurs de l'image quand vous choisissez Whole picture.

Disons que Whole Picture c'est la maison et qu'on vous dise : trouve-moi un vase qui irait bien dans mon salon.
Et only masked c'est plutôt : Trouve-moi un vase.

Only masked padding pixels : Le padding, c'est la bordure intérieure, donc cette option c'est combien de pixels vous allez laisser dans votre masque avant de pouvoir commencer à générer.

Très bien. Commençons à générer une première image de manière professionnelle (je la génère en txt2img et je l'envoie dans inpaint). Je précise que j'utilise un modèle, beaucoup, mais alors beaucoup plus performant que celui que je vous ai fait télécharger, mais je vais vous apprendre au chapitre suivant comment choisir le modèle, donc un peu de patience et surtout, ne soyez pas frustré si vos résultats n'ont rien à voir avec les miens.

Pour infos il s'agit du modèle **Dreamshaper 8.**

Voici les prompts et paramètres à renseigner pour générer la même jeune femme que moi. Et comme je suis presque sur que les prompts seront illisibles sur la capture, je vais les copier plus bas.

Prompt :(upper body:1.6), [(from below:1.2):(from side:1.0):0.4], (1girl), (looking at viewer:1.6), (colorful:1.3), masterpiece, best quality, gorgeous, naked into water (see through water:1.6), (ultra detailed face:1.4), relaxing in a onsen, (hot steam:1.4), by night, manga style, inspired By Naruto

Negative Prompt :EasyNegative, (worst quality:2), (low quality:2), (normal quality:2), bad art, ugly

Pour infos : **EasyNegative** est un embedding que vous n'avez pas encore installé alors on voit ça plus tard.

Sur la capture précédente vous voyez le résultat. Envoyons-là dans inpaint. Après avoir chargée l'image dans sa zone, vous allez pouvoir dessiner dessus. C'est comme cela que nous allons faire des masques pour définir les zones que nous voulons modifier. Je vais changer la couleur des yeux alors je dessine la zone sur les yeux (comme sur la capture).

Avec les paramètres suivants :
Resize mode : Just resize.
Mask blur : 10.
Mask mode : Inpaint masked.
Masked content : original.
Inpaint area : Only masked.

Only masked padding pixels : 4.
Sampling method : DPM++ 2M Karras.
Sampling steps : 40.
Width : 512, **Height** 768.
CFG Scale 7.
Denoising Strengh :0.55.
Prompt : Blue eyes.
Le Negative Prompt est le même et il le restera jusqu'à la fin du chapitre.

Résultat (bien conscient que si vous avez acheté la version papier de ce livre au lieu de l'ebook, vous ne verrez pas bien la différence, mais je vous garanti que le résultat est incroyable):

Passons à la suite, nous allons lui faire les lèvres bleues. Cliquez sur la gomme en haut à droite de l'image pour effacer le précédent masque. Et dessinez-en un autre comme sur la capture suivante :

Pour les paramètres, laissez-les comme précédemment à l'exception du Denoising Strengh que vous pouvez augmenter si le résultat est trop léger ou diminuer s'il est trop différent de l'image initiale.

J'ai dit laissez-les comme précédemment, mais bien entendu le prompt, il faut lui dire quoi faire. Mettez : **Blue lips**.

Résultat incroyable (sauf si vous avez un modèle inférieur à Dreamshaper 8)

Nous allons maintenant lui rajoutez des lunettes. Alors là il faudra certainement augmenter le Denoising Strengh. Faites comme tout à l'heure et effacez le masque pour le recréer comme sur la capture suivante.

Je précise que le résultat obtenu ne se fait que rarement en un seul coup, même pour les pros. Même les développeurs qui ont créé ce système ne peuvent pas le faire en un coup. Il faut jouer avec les paramètres pour trouver le résultat voulu.

Pour les lèvres, il m'a fallu au moins 5 essais. (Mais du premier coup pour les lunettes par contre) Résultat ci-dessous :

Pour un génération en un seul coup c'est pas mal non ?
Ne nous arrêtons pas en si bon chemin et changeons lui sa
coiffure. Même principe, effacez le masque.

Très bien, dessinez un masque comme sur la capture suivante :

Pour le prompt :

Messy hair bun

Comme vous vous en doutez il y aura beaucoup de changement alors j'augmente le Denoising Strengh à 0.7.

Voilà, ce chapitre était énorme alors je vais m'arrêter là. Mais je suis sûr que vous allez rester un moment à faire des tas d'essais. Je suis pareil.

Nous avons donc vu :
L'interface et ses menus.
Comment générer une image à partir d'un texte.
Nous avons vu les différents paramètres pour la génération.
La génération en img2img pour modifier une image existante.
Le Inpaint qui permet de modifier une partie d'une image dans le but de changer ce qui ne nous plait pas zone par zone.

Dans le prochain chapitre nous allons découvrir le site Civitai qui permet en quelques sortes de faire son shopping de modèles pour augmenter considérablement la qualité des images générées.

60

Chapitre 3 : Civitai

Introduction

Dans ce chapitre nous allons découvrir un site qui va grandement nous faciliter la vie, puisqu'il va nous permettre de récupérer des modèles gratuitement (et légalement) et aussi de trouver des images pour nous inspirer dans nos créations.

62

Civitai c'est quoi ?

Civitai est un espace en ligne où les utilisateurs peuvent échanger et explorer des ressources pour la création artistique via l'intelligence artificielle. Les utilisateurs ont la possibilité de mettre en ligne et de partager leurs propres modèles créés à partir de leurs données, ou de naviguer et télécharger des modèles élaborés par d'autres. Ces modèles peuvent par la suite être intégrés dans Automatic1111 pour produire des créations artistiques singulières.

Les modèles c'est quoi ?

Un "modèle" désigne un algorithme de machine learning ou une collection d'algorithmes formés pour créer de l'art ou des contenus médiatiques dans un style spécifique. Cela peut englober des images, de la musique, des vidéos ou d'autres formes de médias.

Pour élaborer un modèle dédié à la création artistique, une série d'exemples représentatifs du style voulu est initialement rassemblée et sert à la formation du modèle. Ce dernier est ensuite en mesure de produire de nouvelles œuvres artistiques en assimilant les schémas et les traits distinctifs des exemples sur lesquels il a été formé.

Très bien, rendons-nous sur :

https://civitai.com

Nous arrivons sur l'interface du site de civitai (qui sera différente puisque les modèles affichés changent et surtout changent d'ordre d'apparition). Voir capture suivante :

Il y a plusieurs choses que vous pouvez chercher sur Civitai :
Des modèles.
Des embeddings : (Textual inversion, Lora, Hypernetworks).
Des images : (pour vous inspirer et faire de l'inpainting)
Des utilisateurs, si vous voulez les suivre.

Nous reviendront sur les embeddings plus loin dans ce livre.

Quand vous aurez créé votre profil sur le site, je vous proposerai d'aller à droite sur le bouton de filtre et de cliquer dessus. (Voir capture suivante)

Dans model types c'est le type de recherches que vous voulez effectuer (des modèles ou embeddings).
Dans checkpoint type laissez all pour l'instant.

Dans base model. Pour le modèle de base il y en a plusieurs version. Moi je vous ai fait télécharger la 1.5 qui est un bon compromis sans connaître la capacité de votre carte graphique. Mais ça veut dire aussi que quand vous aller télécharger un modèle à installer vous allez devoir vous baser sur la 1.5 et c'est pareil pour les embeddings (ne prenez pas d'embeddings pour la version SDXL si vous avez le modèle de base 1.5, ça ne marchera pas).

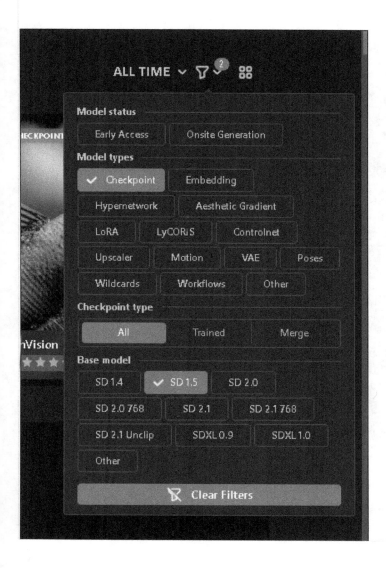

Sans plus attendre, je vous propose de télécharger le modèle que vous êtes impatient d'essayer, j'ai nommé **Dreamshaper 8.**

Tapez Dreamshaper dans la barre de recherche en haut, comme sur la capture suivante et cliquez sur le modèle. :

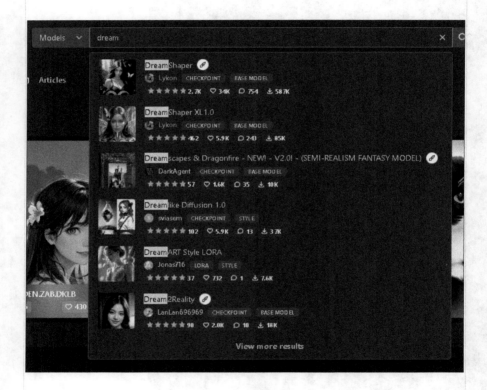

Vous allez arriver sur la page qui correspond à la capture suivante (même si en fonction de quand vous vous y rendez, le visuel pourrait changer).

Comme vous le voyez, il y a beaucoup d'informations sur cette page mais ne vous inquiétez pas c'est très simple. Je vous propose de commencer par le télécharger en cliquant sur le bouton prévu à cet effet à droite et de choisir le même dossier que pour le modèle de base que je vous ai fait télécharger au début du livre.
(Le processus est un peu long).

Pour télécharger des Embeddings (Textual Inversion) il faudra faire pareil mais les mettre dans le dossier :

stable-diffusion-webui \ embeddings

et pour les Lora il faudra les mettre dans le dossier :

stable-diffusion-webui \ models \ Lora

Petite astuce :
Quand vous télécharger quelque chose comme un modèle ou un embedding, pour lui donner une image qui sera affichée dans automatic1111 quand vous voudrez les choisir.

Il suffit de choisir votre image et de lui donner le même nom que l'embedding et de remplacer l'extension par : **preview.png** (bien sûr, il faut que l'image soit sauvegardée dans le même dossier que l'embedding). Comme ceci :

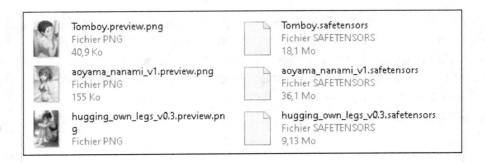

Nous avons les images à gauche sur la capture précédente et les embeddings à droite.

Mais reprenons ou nous en étions dans la découverte de Civitai. Nous étions en train de découvrir la page d'un modèle, en l'occurrence le modèle **Dreamshaper 8**.

Détaillons les infos. Pour commencer, en haut vous avez ceci :

Il s'agit du nom du modèle et des infos de base comme, le nombre de likes ou de téléchargement et la note avec les étoiles.

Vous avez la date de la dernière mise à jour, ce qui est important car un modèle évolue et je vous garanti que vous reviendrez souvent pour voir si vous n'avez pas la possibilité de faire mieux.

Et faire mieux ça passe par la mise à jour du modèle. A côté de la date vous avez les mots-clés pour savoir à quoi correspond ce modèle.

En dessous vous avez les infos suivantes :

On vous dit que la version 8 a été mise à jour pour du inpainting ect…

Puis à droite vous avez les infos de la capture suivante :

69

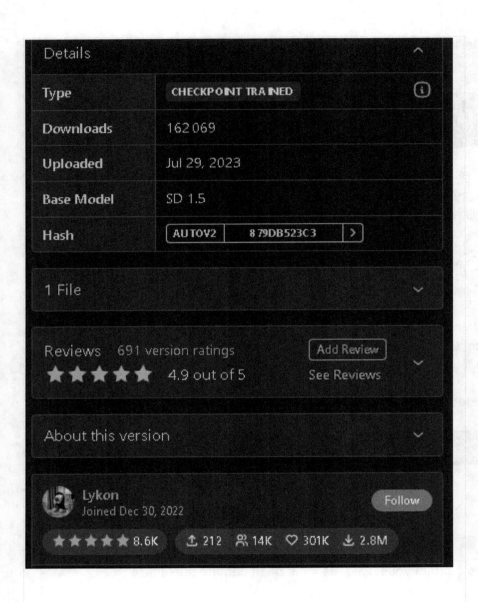

Details ^

Type	CHECKPOINT TRAINED	(i)
Downloads	162 069	
Uploaded	Jul 29, 2023	
Base Model	SD 1.5	
Hash	AUTOV2 879DB523C3 >	

1 File ∨

Reviews   691 version ratings   Add Review

★★★★★   4.9 out of 5   See Reviews   ∨

About this version ∨

Lykon
Joined Dec 30, 2022   Follow

★★★★★ 8.6K   ⬆ 212   👥 14K   ♡ 301K   ⬇ 2.8M

Le type : c'est un checkpoint qui a été entrainé, ce qui veut dire qu'il n'a pas été « Merged » (c'est à dire la fusion de deux modèles). Le nombre de téléchargements, la date d'upload. La version du modèle de base, ce qui est très important parce que c'est la que vous verrez si un modèle est compatible avec votre système.

Plus base sur la page, vous avez quelque chose que j'apprécie vraiment, c'est la gallery. (capture suivante) C'est ce que les utilisateurs ont créé avec ce modèle.

Ce qui a plusieurs avantages :
1. Vous pouvez voir de quoi ce modèle est capable.
2. Vous pouvez piocher des idées.
3. Vous pouvez en profiter pour récupérer les prompts et les infos de générations mais ça on va le voir plus loin.

Je clique donc sur une image qui m'intéresse pour essayer et j'arrive sur sa page. Capture suivante :

Vous avez sur la gauche, l'image et à droite les informations qui la concerne. Concentrons-nous uniquement sur la partie de droite pour en apprendre d'avantage (voir capture suivante).

En haut vous avez le pseudo de la personne qui a chargé (et créée) l'image. Vous avez un bouton pour suivre cette personne si vous le voulez.

En dessous vous avez les tags qui correspondent à l'image et qui permettent de la retrouver dans une recherche.

Puis ensuite vous avez les likes et autres réactions des utilisateurs comme les commentaires. Mais ce qui va vraiment mais alors vraiment vous intéresser c'est ce qu'il y a en dessous. (voir capture d'après).

Ce sont tout d'abord les ressources utilisées pour créer cette image, comme le modèle, mais aussi, les embeddings. Et en dessous : les paramètres de génération de l'image.

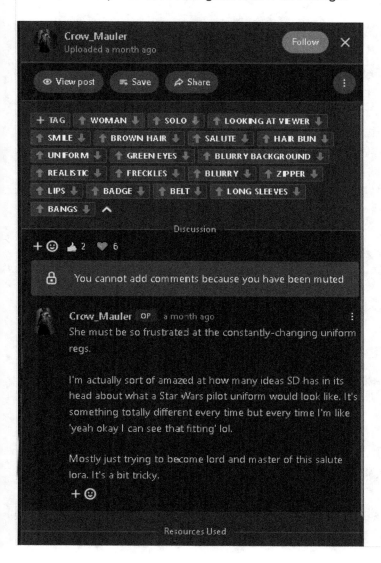

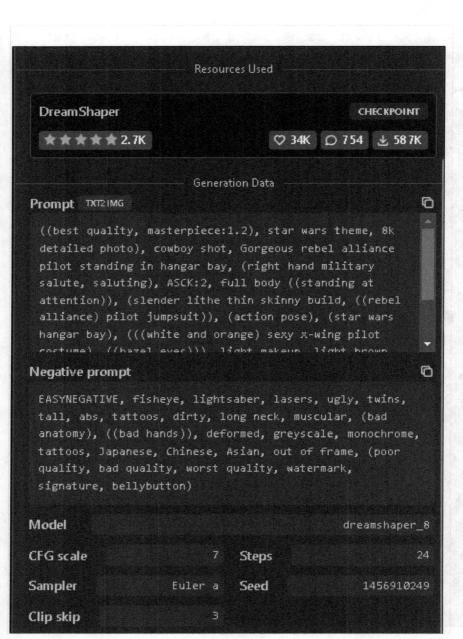

Generation Data

Prompt TXT2IMG

((best quality, masterpiece:1.2), star wars theme, 8k
detailed photo), cowboy shot, Gorgeous rebel alliance
pilot standing in hangar bay, (right hand military
salute, saluting), ASCK:2, full body ((standing at
attention)), (slender lithe thin skinny build, ((rebel
alliance) pilot jumpsuit)), (action pose), (star wars
hangar bay), (((white and orange) sexy x-wing pilot
costume) ((hazel eyes))) light makeup light brown

Negative prompt

EASYNEGATIVE, fisheye, lightsaber, lasers, ugly, twins,
tall, abs, tattoos, dirty, long neck, muscular, (bad
anatomy), ((bad hands)), deformed, greyscale, monochrome,
tattoos, Japanese, Chinese, Asian, out of frame, (poor
quality, bad quality, worst quality, watermark,
signature, bellybutton)

Model			dreamshaper_8
CFG scale	7	Steps	24
Sampler	Euler a	Seed	1456910249
Clip skip	3		

Sur la capture précédente on peut voir les ressources utilisées (ici uniquement un modèle) mais en dessous il y a les prompts (positif et négatif) ainsi que les paramètres de génération comme le CFG Scale, les Steps, le Sampler, La seed et le clip skip (dont on a pas parlé).

Vous constatez que les prompts sont plus compliqués que ce que je vous ai appris mais c'est parce que nous abordons cela au prochain chapitre.

Pour l'instant contentons-nous de faire glisser l'image dans automatic1111 et très exactement dans la zone prévu à cet effet dans l'onglet **PngInfos**. Vous aurez un résultat similaire à la capture suivante :

Ensuite vous pouvez cliquer sur « Send to txt2img » et vous devriez vous retrouvez avec les paramètres de la capture suivante. Je sais qu'ils ne sont pas lisibles mais si vous suivez les étapes vous aurez le même résultat :

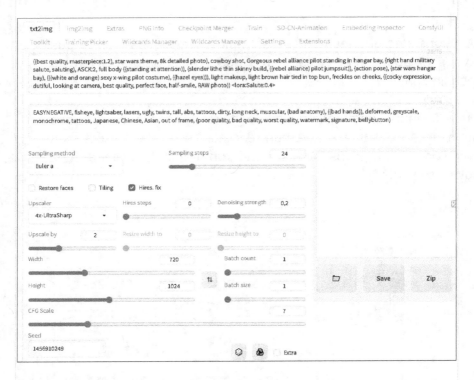

Personnellement je me contente de modifier les cheveux dans le prompt en lui disant que je veux qu'elle aie les cheveux bleus et une queue de cheval. Je génère l'image et j'ouvre le dossier ou elle se trouve, c'est à dire dans le dossier :
stable-diffusion-webui \ outputs \ txt2img-images, puis dans le dossier de la date du jour. Si ça avait été un img2img (inpaint etc.) je serais allé dans : **stable-diffusion-webui \ outputs \ img2img-images**, puis dans le dossier de la date du jour.

76

Voici le résultat. Bluffant non ?

Voilà, ce chapitre était beaucoup plus simple mais vraiment très utile. Il va nous permettre de gagner un temps fou et de générer les images d'une qualité exceptionnelle.

Dans le prochain chapitre nous allons parler du prompt engineering qui va donc faire de vous des pros du prompt. Vous connaîtrez les astuces pour faire créer l'image parfaite à automatic1111.

Chapitre 4 : Prompt engineering

Introduction

Dans ce chapitre nous allons voir l'art du prompt engineering pour automatic1111. Dans le but de pouvoir générer les prompts les plus pertinents possibles pour nos images. Nous verrons :

- Générer un bon prompt
- Faire du morphing de deux images
- Les points de vues

Voici une définition de Prompt engineering tout droit sortie de ChatGPT :

Dans le domaine de la génération d'images, le "Prompt Engineering" consiste à formuler des instructions ou des questions spécifiques pour guider un modèle de génération d'images afin d'obtenir des résultats plus précis, pertinents ou créatifs. Tout comme dans le traitement du langage naturel, l'objectif est de maximiser la qualité de la sortie du modèle en ajustant soigneusement la manière dont la tâche est présentée au modèle.

Par exemple, si vous utilisez un modèle comme DALL-E* pour générer des images, la manière dont vous formulez votre prompt peut grandement affecter le résultat. Un prompt vague comme "dessine un chat" pourrait produire une grande variété d'images de chats, tandis qu'un prompt plus spécifique comme "dessine un chat avec des ailes de papillon" donnerait des résultats beaucoup plus ciblés.

Le Prompt Engineering dans ce contexte peut également inclure des techniques plus avancées, comme le chaînage de plusieurs prompts, l'utilisation de métadonnées, ou l'ajout de contraintes spécifiques pour guider le modèle dans une direction particulière.

*Incorrigible ChatGPT, il a fallu qu'il place son produit payant dans la discussion. Même nos influenceurs ne font plus ça.

Quoi qu'il en soit, nous, nous allons l'apprendre pour Automatic1111 et vous allez voir que ça va vraiment changer la donne.

Générer un bon prompt

Il y a des techniques pour générer des images de bonne qualité. Votre prompt devra utiliser la plupart de ces points :

1. Sujet de l'image (obligatoire)
2. Type de média (conseillé)
3. Style (conseillé)
4. Artiste (optionnel)
5. Résolution et qualité (conseillé)
6. Détails additionnels (conseillé)
7. Couleur (optionnel)

1. Sujet

Tout d'abord, la description du sujet avec le plus de détails possible.

Exemple :

a gorgeous lady laying down the sand
(un dame pulpeuse allongée sur le sable)

Cela donnera une image comme celle-ci, qui correspond déjà assez bien à cette description.

2. Média
Nous pouvons aller plus loin. Appliquons un type de médias. Les types de médias sont par exemple:

Portrait :
Favorise les gros plan sur le visage (headshot portrait) et les portraits en général.
Digital painting :
Image et peinture numérique.
Concept art :
Illustration style et planche concept de cinéma.
Ultrarealistic illustration :
Dessins très réaliste. Plutôt efficace pour des images de personnes.
Realistic Photography :
Rendu photoréaliste.
Drawing :
Dessin et croquis.
Oil Painting :
Peinture à l'huile et toiles de maître.

Essayons : Digital painting (Peinture numérique)

Mise à jour du prompt :

Digital painting of a gorgeous lady laying down the sand
(peinture numérique d'un dame pulpeuse allongée sur le sable)
Résultat :

3. Style

Comme pour le type de médias, le style peut influencer l'image générée. Le style désigne la tendance, l'ambiance de l'image : Cartoon, Futuristic, Fantasy, Horror, Paint classic, Retro, Pixel Art, Polaroid, Tattoo art.

Mise à jour du prompt:
Digital painting of a gorgeous lady laying down the sand, retro style.

4. Artiste

Ajouter un artiste est un très bon moyen de de transformer l'image dans son style. Vous pouvez même indiquer plusieurs artistes dans le prompt.

Moi je n'en mets qu'un pour l'instant :

Digital painting of a gorgeous lady laying down the sand, retro style, inspired by John Singer Sargent

Bon là, j'avoue que je n'aime pas. Je pense que le style retro ne correspond pas à cet artiste, mais c'est juste pour vous montrer.

5. Résolution et qualité

Des indications sur la qualité de l'image améliorent le résultat. Les images 4k ou 8k sont très utilisées. Vous pouvez aussi ajouter des infos sur le type d'objectif. Je rajoute juste : 8k.

Je n'aime pas le résultat avec cet artiste, alors je vous montre le même prompt mais en ayant retiré l'artiste :

6. Détails additionnels

Ajoutons des détails additionnels pour une image détaillée et de bonne qualité.

highly detailed, incredible quality, masterpiece

7. Couleurs

Vous pouvez aussi ajouter des mots clefs pour les couleurs ou leur tonalité. Exemple, pour des couleurs vives et dynamique, nous allons ajouter : vivid colors

Le Negative Prompt

Le Negative Prompt (ou prompt négatif) est quelque chose de très puissant et surtout, très utile. Imaginez une seconde que vous voudriez générer une image d'un ou une geek. Si vous vous contentez d'écrire :

portrait of a geeky person (portrait d'une personne un peu geek)

Il y a fort à parier que cet personne ressorte avec des lunettes. Oui mais si vous ne voulez pas de lunettes comment vous faites ?

C'est très simple, c'est là qu'intervient le prompt négatif.

Il vous suffit de taper : **glasses** dans le Negative prompt et la personne ressortira sans lunettes.

Alors je ne vous ai pas pris l'exemple le plus pertinent pour vous vendre l'intérêt du negative prompt parce que pour le modèle, un geek est défini en partie grâce à ses lunettes, ce qui fait que j'ai du forcer un peu pour qu'il accepte mon choix d'un geek sans lunettes.

J'ai mis ceci comme negative prompt :

(glasses:2.0)

Je pense qu'il y a deux choses qui vous choque dans ce prompt. La première ce sont les parenthèses et la seconde c'est **:2.0**. Ce chiffre représente le poids en pourcentage (2.0 veut dire 200%, 0.5=50 %, 0.1=10 % etc...)

Laissez-moi vous expliquer. Les parenthèses sont très utiles quand vous avez un mot-clé composé. Parce que si vous écrivez :

1man eating moon qui veut dire :un homme mangeant la lune et si on comptait qu'il prenne en compte la séparation : un homme mangeant. Puis on aurait aussi : la lune. Mais il s'avère que si je génère l'image, j'aurai ceci :

J'ai bien un homme qui mange et la lune, mais on voit aussi que l'homme déguste une mini pleine lune. Alors que si j'écris :
(1man eating:1.6), (moon)

Ce qui veut dire : Un homme qui mange (avec un poids de 176%, qui correspondent aux 160 % du poids + 10 % pour le couple de parenthèses) et la lune. Mais plus important, ce sont les virgules (un couple de parenthèses veut dire que l'on donne 110 % à un mot ou groupe de mots, puisqu'il y a 100 % initiaux et 10 % pour les parenthèses). Là j'aurai :

Maintenant imaginions que je veuille un homme sans barbe.
Je n'ai qu'à ajouter :
beard dans le Negative prompt et j'aurai ceci:

D'accord, ce n'est pas le même homme, mais après il faut jouer avec la seed et les prompts. En jouant avec les poids et les parenthèses.

Vous devez savoir aussi que vous pouvez combiner les parenthèses car chaque couple de parenthèses vous rajoute 10 % de poids. Je vais vous montrer l'ajout de couples de parenthèses à un mot avec un prompt :

1man beard

Et à chaque image j'accentuerai le mot beard avec un nouveau couple de parenthèse comme ceci : (beard), ((beard)), (((beard))), ((((beard)))), bref, vous avez compris.

Voici les images :

On augmente :

Encore :

Encore :

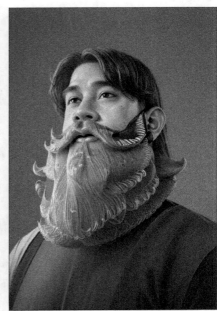

Ok, là c'est le signe qu'il faut s'arrêter. Mais vous avez compris l'idée.

Retenez aussi que si les parenthèses permettent d'augmenter de 10 % un mot, les crochets permettent de faire l'inverse, c'est à dire de réduire de 10 % un mot.

Mais ce n'est pas la seule utilité des crochets puisqu'ils nous permettent, entre-autre de faire du blend de sujets (que je nomme : morphing puisque le terme est plus approprié). Le terme blend est généralement employé pour apposer deux images l'une sur l'autre, avec un paramètre de ratio pour savoir laquelle des deux prend le pas sur l'autre. Mais ici, il s'agit bien de morphing puisque c'est une transformation d'un sujet à l'autre. Vous l'avez sans doute déjà vu dans les séries et/ou mangas, quand par exemple un personnage se transforme en loup-garou ou en gorille et que l'on voit les étapes entre les deux. Et bien le morphing c'est pareil sauf que là, c'est vous qui allait choisir à quelle étape vous vous arrêtez (en quelques sortes).

Je vais bien sûr prendre des morphings improbables pour que ce soit un minimum rigolo. Imaginez deux Américains, Joe et Donald.
Pour faire un morphing des deux vous devez :
ouvrir les crochets et mettre le premier sujet : **[joe biden**
ensuite vous devez ajouter deux point suivi du nom du deuxième sujet :
[joe biden : donald trump
et pour finir vous devez à nouveau ajouter deux points et le ratio qui défini à partir de quand vous voulez que l'image commence à créer le deuxième sujet puis fermer les crochets. Je vais prendre un exemple avec 50 %.
[joe biden : donald trump:0.5]

J'attire votre attention sur le fait que sur internet (en Anglais) il l'explique en disant : Si vous avez demandé un sampling steps de 40 images et que vous mettez 0.5 (50%), le deuxième sujet sera généré à partir de la 20ème image…

Personnellement, je ne vois pas l'intérêt de mentionner le nombre de steps, puisqu'un pourcentage reste un pourcentage et que c'est plus simple à expliquer.

Vous vous doutez bien que j'ai un exemple visuel à vous donner ? Et même plusieurs. Mais j'ai changé le ratio pour que cela soit plus drôle.

Voici mes prompts et images :

[joe biden : donald trump:0.7] (Jonald Bidrump) :

[zelensky : putin:0.5] (Vlodimir Putinsky) :

[macron : putin:0.4] (Vlannuel Puticron) :

Les points de vue.

Lors de la génération de portraits ou de paysages basiques, vous obtiendrez des angles de caméra assez simples ou même aléatoires. Et vous ne pensez pas vraiment aux angles de caméra, mais lorsque vous générez votre image pour une utilisation spécifique, vous souhaitez qu'elle ait un sens. Les angles de caméra sont une méthode bien connue de storytelling et ils peuvent également vous aider à transmettre l'intention ou l'intensité derrière votre image.

La plupart d'entre vous connaissent peut-être des angles de caméra basiques comme le grand angle, le plan moyen, et quelques autres, mais il existe de nombreux angles de caméra dynamiques souvent utilisés dans les films, les mangas, les bandes dessinées et d'autres supports de narration.

Comment utiliser les positions de caméra
Il suffit d'inclure la position de la caméra dans votre "prompt" et d'expérimenter les résultats.

Quelles positions de caméra existent ?

"Eye level" (À hauteur des yeux)
Lorsque la caméra est placée au même niveau que les yeux du sujet, un plan non intrusif est créé. Dans les films et la télévision narratifs, les "Eye level shots" peuvent être utilisés pour rapprocher le public des personnages en leur donnant l'impression de les regarder dans les yeux. Cette perspective a le potentiel d'évoquer efficacement la sympathie et de communiquer la vie intérieure et les motivations des personnages.

Exemple de prompt :
Eye level shot of beautiful woman layin down on her bed

Résultat :

"High angle" (En plongée)

Lorsqu'on filme en plongée, la caméra est au-dessus du sujet et pointe vers lui. Cela peut donner à la personne un sentiment de force ou de vulnérabilité.

J'en ai généré plusieurs. Prompt :

(High angle), beautiful amazon woman standing up for fighting

Résultats :

"Low angle" (En contre-plongée)

Lorsqu'on filme en contre-plongée, la caméra est positionnée en dessous du sujet et pointe vers le haut. Cela peut donner à l'individu un sentiment de supériorité.

Prompt :

(Low angle), beautiful amazon woman standing up for fighting

Résultat :

"Over the shoulder" (Par-dessus l'épaule)
La caméra est placée derrière l'épaule du sujet, regardant par-dessus son épaule ce qui se passe devant. C'est une technique courante pour montrer les réactions du sujet pendant un discours.

Prompt :

(Over the shoulder), police officer facing crowd of angers French rioters

Résultat :

"Dolly shot" (Plan sur chariot)

La caméra est déplacée vers ou loin du sujet tout en étant montée sur un chariot, une petite plate-forme à roues. Cela peut être utilisé pour faire en sorte que le spectateur se sente comme s'il se déplaçait avec le sujet ou dans le décor, respectivement.

"Crane shot" (Plan grue)
Avec un "Crane shot", la caméra est suspendue au plafond ou au sommet d'un bâtiment, permettant des mouvements fluides et dramatiques.

"Tracking shot" (Plan de suivi)
Un "Tracking shot" est réalisé en suivant le sujet avec une caméra montée sur un chariot. Il est ainsi possible de suivre le sujet et de montrer son environnement.

"Aerial View" (Vue aérienne)
Les prises de vue aériennes sont celles qui donnent l'impression de regarder une scène ou un paysage d'en haut.

"Steadicam shot" (Plan Steadicam)
Il s'agit d'un "Steadicam shot", où la caméra est montée sur un dispositif qui permet à l'opérateur de se déplacer librement tout en gardant la caméra stable.

Notez que toutes celles qui sont là, je les ai trouvé pendant mes recherches pour ce livre mais que toutes celles que j'utilise tous les jours ne sont pas là. Alors je vais vous les rajouter car elles sont vraiment indispensables. Surtout la capture qui va avec. (Que je vais devoir couper en plusieurs parties pour qu'elle soit visible).

Tout d'abord voici une petite illustration des différentes prises de vues.

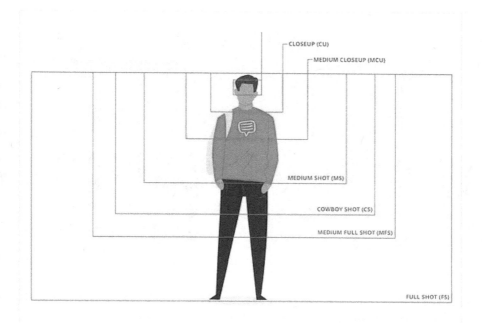

Avec le visuel adapté :

(extreme close-up:1.5)   (close-up:1.5)   (medium close-up:1.5)

(medium full shot:1.5)   (establishing shot:1.5)   (point-of-view:1.5)

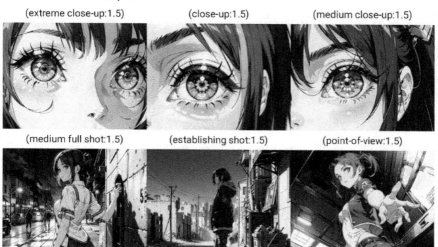

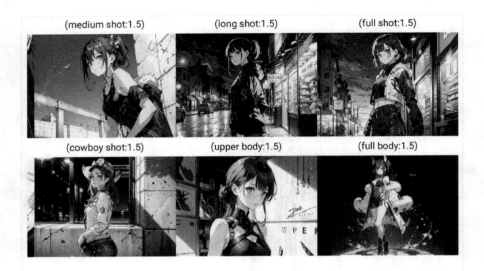

La suite :

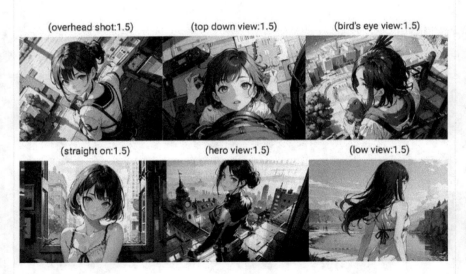

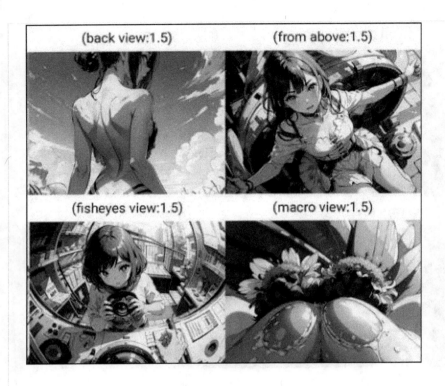

(back view:1.5) (from above:1.5)

(fisheyes view:1.5) (macro view:1.5)

Vous constatez que sur les exemples de ces captures, il y a des poids pour accentuer les positions, angles et distances. Vous aussi, essayez différents poids pour trouver les valeurs qui vous conviennent.

N'oubliez pas que toutes les combinaisons ne fonctionneront pas, et que certaines positions de caméra peuvent être mieux adaptées à des scenarios.

Ce chapitre est à présent terminé et je vous donne comme exercice d'installer l'extension ControlNet car nous allons en avoir besoin pour le chapitre suivant.

Chapitre 5 : Pratiques avancées

Introduction

Dans ce chapitre nous allons voir quelques pratiques avancées comme :

- ControlNet
- Le Script XYZ plot
- Le merging de deux modèles

ControlNet

C'est quoi ControlNet ?

ControlNet est une extension Automatic1111 pour Stable Diffusion qui vous permet de copier des poses humaines à partir d'une image de référence.

Les utilisateurs de Stable Diffusion savent à quel point il est difficile de générer la position du corps exacte que vous souhaitez. Les images sont en quelque sorte aléatoires. Tout ce que vous pouvez faire, c'est jouer sur la quantité en générant un grand nombre d'images et en choisir celle qui vous plaît.

Avec ControlNet, les utilisateurs de Stable Diffusion ont enfin un moyen de contrôler où se trouvent les sujets et dans quelle position ils sont avec précision !

Pour résumer, vous voulez que votre personnage prenne une position spécifique sur l'image que vous générez comme une position de combat par exemple?

Nommons cette image que vous voulez obtenir : **Image A**.

Vous avez un personnage qui est dans cette position sur une autre image (**Image B**) ?

Facile vous générez votre prompt en donnant à ControlNet
Image B et le personnage que vous aurez sur I**mage A** sera dans la même position que celui sur I**mage B**.

ATTENTION :
Avant de commencer il va vous falloir télécharger les modèles de ControlNet que vous souhaitez utiliser. Je vous propose de lire d'abord le chapitre puisque je vais vous les présenter pour la plupart et ensuite vous vous rendrez sur le lien suivant et vous prendrez ceux de votre choix :

https://huggingface.co/lllyasviel/ControlNet-v1-1/tree/main

Je vais commencer par vous présenter l'interface de ControlNet et ensuite nous attaquerons quelques démonstrations.

Sur la capture suivante vous avez en bas le menu de ControlNet qu'il faut dérouler (votre interface peut plus ou moins varier en fonction des extensions que vous avez d'installées).

Sampling method

DPM++ 2M Karras

Sampling steps — 40

☐ Restore faces   ☐ Tiling   ☐ Hires. fix

Width — 512

Batch count — 1

Height — 512

⇅

Batch size — 1

CFG Scale — 9

Seed

-1

☐ Extra

CodeFormer visibility — 0

CodeFormer weight (0 = maximum effect, 1 = minimum effect) — 0

Scale by   Scale to

Resize — 4

Upscaler 1

None

Upscaler 2

None

Upscaler 2 visibility — 0

SDXL Styles ◀

Dynamic Prompts ◀

ComfyUI ◀

ControlNet v1.1.313 ◀

Vous voyez sur la capture suivante l'interface de ControlNet quand elle est déroulée :

ControlNet v1.1.313 ▼

ControlNet Unit 0 [undefined]   ControlNet Unit 1   ControlNet Unit 2

Single Image   Batch

⊞ Image

Déposer l'image ici
- ou -
Cliquer pour Télécharger

Set the preprocessor to [invert] if your image has white background and black lines.

☐ Enable   ☐ Low VRAM   ☐ Pixel Perfect

☐ Allow Preview

Control Type

○ All   ○ Canny   ○ Depth   ○ Normal   ○ OpenPose   ○ MLSD   ○ Lineart

○ SoftEdge   ○ Scribble   ○ Seg   ○ Shuffle   ○ Tile   ○ Inpaint   ○ IP2P

○ Reference   ○ T2IA

Preprocessor   Model

none   ▼   ✖   None   ▼   ⟳

Control Weight   1   Starting Control Step   0   Ending Control Step   1

Control Mode

○ Balanced   ○ My prompt is more important   ○ ControlNet is more important

Resize Mode

○ Just Resize   ○ Crop and Resize   ○ Resize and Fill

☐ [Loopback] Automatically send generated images to this ControlNet unit

Presets

Détaillons tout cela.

Ici vous avez la zone ou vous allez charger l'image d'une position que vous voulez que votre personnage prenne et ensuite il vous suffira de générer le prompt et le personnage aura la position de celui qui se trouve sur l'image que vous avez renseigné ici.

Multi-ControlNet Units
Au sein de l'interface Web A1111, ControlNet propose une fonctionnalité appelée Multi-ControlNet, également connue sous le nom de Multiple ControlNet. Cela comprend jusqu'à 10 unités de ControlNet. La plupart d'entre nous en verront probablement seulement 3, mais vous pouvez le modifier dans Settings > ControlNet > Multi ControlNet : Nombre maximal de modèles.

Une introduction à Multi-ControlNet :
Pensez à Multi-ControlNet comme étant similaire aux calques dans des outils comme Photoshop ou aux Render Layers dans des applications comme Maya. Chaque calque ou "unité" dans ce cas, peut être envisagé comme des composants distincts d'une image, chacun avec son propre ensemble de paramètres de contrôle. Par exemple, si vous avez une image avec un homme et un arrière-plan distinct, et que vous souhaitez réguler leurs compositions séparément, les Multi-ControlNets viennent à la rescousse.

Capacités dans la version V1.1.2* (ou supérieur):
La version avec laquelle je travaille, V1.1.313, accueille trois unités de ControlNet, allant de 0 à 2, mais vous pouvez en ajouter davantage dans Settings > ControlNet. Il faut comprendre que chacune de ces unités fonctionne indépendamment. Cela signifie que pour chaque unité, vous devrez effectuer certaines tâches : les activer, configurer leur Preprocessor, choisir leurs modèles et configurer d'autres paramètres pertinents.

Mode Image Unique vs. Mode Batch
Mode Single Image : Pour traiter une seule image.

Mode Batch :
Vous pouvez activer le mode batch sur plusieurs unités en mettant simplement n'importe quelle unité unique dans ce mode.

Pour chaque unité, spécifiez un répertoire d'images.

Sur la capture suivante vous avez 4 cases que vous pouvez cocher et il faut toutes les cocher.

Enable : permet d'activer ControlNet.

Low VRAM : Permet aux cartes graphique de plus faible capacité de fonctionner avec ControlNet.

Pixel Perfect : L'option "Pixel Perfect" dans Stable Diffusion est une fonction automatisée au sein de ControlNet de A1111 qui ajuste la résolution de l'outil de traitement d'image, appelé l'annotateur, pour correspondre à l'image de référence sur laquelle vous travaillez. Notamment, Pixel Perfect sélectionne de lui-même la résolution du préprocesseur, au lieu de demander aux utilisateurs de régler la résolution manuellement. La plupart du temps, cette autonomie conduit à des résultats supérieurs puisque le préprocesseur fonctionne à la résolution optimale pour laquelle il a été conçu. En effectuant automatiquement ces ajustements, il garantit la plus haute qualité et clarté d'image.

Imaginez essayer d'insérer un carré dans un trou rond - sans les bons ajustements, ça ne fonctionne pas.

De même, des résolutions incompatibles entre l'annotateur et l'image peuvent introduire des artefacts ou des distorsions indésirables. Le mode Pixel Perfect assure donc que la résolution de l'outil de traitement s'aligne parfaitement avec l'image, comme un gant. En conséquence, les utilisateurs reçoivent une sortie où chaque pixel s'aligne parfaitement avec les capacités de traitement de Stable Diffusion, éliminant toute divergence ou problème de qualité potentiels. Cette fonction devrait toujours être activée.

Pour résumer, le mode "Pixel Perfect" dans ControlNet de A1111 est ingénieusement conçu pour déterminer automatiquement la résolution de traitement la plus appropriée, garantissant que chaque image est de qualité supérieure. En éliminant les ajustements et les calibrations manuels, il garantit que chaque pixel résonne parfaitement avec les performances de Stable Diffusion.

Allow Preview : Permet d'avoir une fenêtre de visualisation sur le rendu de la position générée.

Sur la capture suivante vous verrez que c'est ici que vous allez charger le preprocesseur et le modèle. En gros c'est ici que vous allez choisir le mode pour ControlNet.

Explication des types de contrôle :

1. All :
Lorsque vous choisissez 'All', cela ouvre toutes les options de préprocesseur et de modèle disponibles dans le menu déroulant de ControlNet. Cela permet aux utilisateurs de voir et de sélectionner parmi toute la gamme des options de prétraitement et de modélisation.

126

2. Canny :

Le type de contrôle Canny est un outil de détection de bord. Au cœur de la détection de bord, il s'agit d'identifier les points dans une image numérique où la luminosité change brusquement. Canny fait cela à la fois pour le sujet de la photo et pour l'arrière-plan, offrant une traduction plus complète de la scène. C'est idéal si vous voulez une représentation qui reste fidèle à la forme et à la structure originales. Le type de contrôle Canny sert d'outil de détection de bord efficace, mettant en évidence les caractéristiques cruciales d'une image. En ajustant le curseur de seuil Canny, vous pouvez contrôler le niveau de détail qu'il capture. Un réglage bas détecte de nombreuses lignes, préservant des détails étendus de l'image de référence. À l'inverse, un réglage élevé filtre les informations de ligne en excès.

La résolution du préprocesseur (Preprocessor Resolution) détermine la granularité des cartes Canny. Trouver le bon équilibre est crucial ; trop bas entraîne une pixellisation et une perte de détail de bord, tandis que trop élevé submerge avec des informations excessives, conduisant à des images aléatoires. Une résolution de 512 ou plus est recommandée pour conserver les détails de bord essentiels. Vous pouvez expérimenter avec les curseurs de résolution du préprocesseur et de seuil Canny pour obtenir la représentation de bord souhaitée à partir de vos images de référence.

3. Depth :

Le contrôle de la profondeur (Depth control) offre un moyen de visualiser la hiérarchie spatiale dans une image. Il crée une carte de déplacement — une représentation en niveaux de gris — où les objets les plus proches apparaissent plus blancs, et les objets plus

127

éloignés deviennent plus sombres. Cela permet de comprendre le premier plan, le plan intermédiaire et l'arrière-plan. Il fait un excellent travail pour capturer la profondeur de champ pour des photos stylisées.

Depth Midas : Un estimateur de profondeur largement reconnu. C'est idéal lorsque vous souhaitez une perception de la profondeur conventionnelle dans vos images. Il fait un bon travail pour isoler le sujet de l'arrière-plan.

4. Normal :
Les cartes normales (Normal maps) sont des textures graphiques utilisées principalement dans la modélisation 3D. Les couleurs de ces cartes représentent des vecteurs — indiquant la direction : cela fonctionne comme la profondeur, mais fournit une image plus en 3D.

Violet/Bleuté : Surfaces pointant vers le spectateur.

Verdâtre : Surfaces pointant vers le haut.

Rougeâtre : Surfaces pointant vers le bas.

Les cartes normales dans ControlNet transmettent la composition 3D de l'image de référence :

Normal Bae : Celui-ci fournit une représentation détaillée à la fois de l'arrière-plan et du premier plan, garantissant une sensation 3D complète.

5. OpenPose :

OpenPose est un véritable tournant dans la détection de la pose. Il identifie la position et l'orientation du corps humain dans les images. Les détails et les applications d'OpenPose sont vastes, justifiant un article dédié.

Très populaire pour la détection de la pose.

Utilise l'extension OpenPose ; DWPose offre plus de détails.
Qui comprend les éléments suivants :
- a. Openpose
- b. Openpose_face
- c. Openpose_faceonly
- d. Openpose_full
- e. Openpose_hand
- f. Dw_openpose_full

6. MLSD (Mobile Line Segment Detection) :

Parfait pour les conceptions architecturales ou lorsque vous souhaitez une précision linéaire. MLSD met l'accent sur les bords droits, rendant des contours nets de bâtiments, de designs d'intérieur, et plus encore. Cependant, ce n'est pas idéal pour les images avec beaucoup de courbes.

Utile pour le travail architectural et le design d'intérieur.

Crée des cartes de bords linéaires, se concentrant sur les bords droits, idéal pour les bâtiments et les designs d'intérieur.

Les courbes sont généralement ignorées.

7. Line Art :
Pour ceux qui veulent que leurs images imitent les dessins ou les croquis, Line Art est l'option à choisir. Selon le préprocesseur, vous pouvez obtenir des lignes de style anime, des contours réalistes, ou même des lignes plus lourdes et prononcées.

Rend le contour d'une image pour une apparence semblable à un dessin.

Préprocesseurs :

Line Art Anime : Lignes de style anime.

Line Art Anime Denoise : Moins de lignes de style anime détaillées.

Line Art Realistic : Lignes réalistes.

Line Art Coarse : Lignes plus lourdes, de style réaliste.

8. Soft Edge :
Cela ressemble à la détection de bord Canny, mais offre des transitions plus douces. Soft Edge est idéal pour les images où vous souhaitez une détection de bord sans la dureté, assurant un attrait visuel plus doux.

9. Scribble :
Transformez vos images en ce qui ressemble à des gribouillis dessinés à la main. Selon le préprocesseur choisi, les gribouillis peuvent varier de grossiers et audacieux à des lignes plus propres et minimalistes.

Transforme les images en gribouillis semblables à des dessins à la main.

Préprocesseurs :

Scribble HED : Produit des lignes de gribouillis grossières.

Scribble Pidinet : Lignes grossières avec peu de détails.

Scribble xDoG : Méthode de détection de bord polyvalente, le niveau de détail est contrôlé par le seuil XDoG.

10. Seg (Segmentation) :
La segmentation consiste à mettre des étiquettes sur différentes parties d'une image. Avec Seg, ControlNet identifie et catégorise divers éléments, facilitant la manipulation ou la compréhension de la composition d'une image en blocs de couleurs.

11. Shuffle :
Ce type de contrôle mélange les éléments de l'image d'entrée. Il ne s'agit pas seulement de créer du chaos ; le contrôle Shuffle peut aider à transférer le schéma de couleurs à partir d'une image de référence.

12. Tile :
Lorsqu'une image nécessite plus de détails ou nécessite un agrandissement, l'option Tile entre en jeu. En ajoutant des détails complexes et en les associant à des méthodes de mise à l'échelle, les images semblent plus claires et plus raffinées.

Principalement utilisé pour l'agrandissement d'image.

13. Inpainting :

Pensez à cela comme au pinceau correcteur dans Photoshop. Inpainting permet aux utilisateurs de masquer, remplacer ou corriger des objets ou des zones spécifiques dans une image. Sa force réside dans sa capacité à fondre ces corrections de manière transparente avec le reste de l'image. J'explorerai cela dans un autre blog dédié à Inpainting avec ControlNet.

Similaire au remplissage conscient du contenu et au remplissage génératif de Photoshop.

Utile pour masquer, remplacer ou réparer des objets dans une image.

14. IP2P (Instruct pix 2 pix) :

Ce type de contrôle traduit les attributs d'une image (le pix) en une autre. Bien qu'il ait ses utilisations, d'autres outils avancés pourraient offrir de meilleurs résultats dans certains scénarios.

Similaire à l'extension Instruct-pix2pix mais pas aussi avancé.

Le remplissage génératif de Photoshop fait également cela très bien, et peut-être même mieux.

15. Reference :

Pour ces moments où vous voulez que vos images générées ressemblent étroitement à une image de référence, ce type de contrôle est inestimable. Les différents préprocesseurs sous ce contrôle se lient soit directement à la référence, soit appliquent des techniques de transfert de style.

Génère des images ressemblant à une image de référence.

Préprocesseurs :

Reference adain : Utilise l'Adaptive Instance Normalization.

Reference only : Lie directement l'image de référence.

Reference adain+attn : Combinaison des deux méthodes ci-dessus.

16. T2IA (Text to Image Adapter) :
Cela intègre l'extension ControlNet A1111. Il permet aux descriptions textuelles de guider la génération d'images, ce qui est un domaine passionnant en IA et en graphiques.

À utiliser avec l'extension ControlNet A1111.

De nombreuses fonctionnalités se chevauchent avec les modèles ControlNet.

J'espère que cela vous donne une compréhension plus détaillée de chaque type de contrôle dans ControlNet.

Ces types de contrôles possèdent chacun des sous-catégories (pour faire simple) que l'on nomme préprocesseur.

C'est le préprocesseur que vous choisissez dans le menu déroulant de la capture suivante (à gauche) et quand il est chargé (quelques secondes à attendre) pour pouvez choisir le modèle

une sorte de sous-sous-catégorie (encore une fois, c'est la meilleure manière de simplifier l'explication).

En fonction du Type de contrôle vous n'aurez accès qu'aux preprocesseurs correspondants et tous les modèles ne seront pas disponibles mais vous le verrez avec les exemples que je vais vous montrer plus bas dans ce chapitre.

En dessous des menus déroulants vous avez les contrôles.

Control Weight dans ControlNet définit le degré auquel votre image de référence impacte le résultat final. En termes plus simples, c'est comme ajuster le volume sur votre lecteur de musique : un Control Weight plus élevé signifie augmenter le volume de votre image de référence, la rendant plus dominante dans l'œuvre finale. Pensez-y comme choisir qui chante le plus fort dans un duo, le chanteur principal (votre image de référence) ou les chœurs (les autres éléments). Ajuster le Control Weight détermine qui est au centre de la scène.

Starting / Ending Control Step

Le "Starting Control Step" détermine quand ControlNet commence à influencer le processus de génération d'image. Si vous avez un processus de 20 étapes et que vous réglez le "Starting Control Step" à 0,5, les 10 premières étapes créent l'image sans l'apport de ControlNet. Les 10 étapes restantes utilisent les directives de ControlNet.

Pensez au "Starting Control Step" comme à la sélection d'un segment dans une vidéo. Imaginez que vous ayez une vidéo de 20 minutes et que vous utilisiez un outil de montage pour sélectionner un segment qui commence à la 10e minute. Avant ce moment, la vidéo est en quelque sorte "brute", sans aucun effet ou modification. Mais à partir de la 10e minute, vous appliquez des filtres, des transitions ou d'autres effets spéciaux. De la même manière, dans le processus de génération d'image avec ControlNet, les étapes initiales sont sans influence de ControlNet, tandis que les étapes ultérieures sont modifiées selon les paramètres que vous avez définis dans ControlNet.

Explication des Modes de Contrôle :
Les Modes de Contrôle vous permettent de déterminer l'influence entre votre prompt et ControlNet. Voici un détail :

Balanced : Ce mode assure une influence égale entre votre prompt et ControlNet. Pensez-y comme à un équilibre harmonieux, similaire à la désactivation du "Guess Mode" dans ControlNet 1.0.

My prompt is more important : Ici, l'influence de ControlNet diminue progressivement pour s'assurer que vos prompts sont clairement reflétées dans les images générées, garantissant que les détails de votre prompt ne sont pas éclipsés.

ControlNet is more important : Dans ce mode, l'influence de ControlNet est amplifiée en fonction de votre cfg-scale choisi. Par exemple, si vous réglez le cfg-scale à 7, l'influence de ControlNet devient 7 fois plus puissante. Cela ne change pas vos "Control Weights". Au lieu de cela, il accorde à ControlNet une portée plus large pour interpréter ou combler les lacunes de vos prompts, à l'instar du "Guess Mode" dans la version 1.0 précédente.

Explication du Mode de Redimensionnement :
Just Resize : Ce mode redimensionne simplement votre image aux dimensions souhaitées. Il ne supprime aucune partie de l'image ; il l'étire ou la comprime proportionnellement.

Crop and Resize : Dans cette approche, des parties de l'image peuvent être coupées pour s'adapter à un rapport d'aspect spécifique avant d'être redimensionnées. Cela est particulièrement utile si vous souhaitez conserver les mêmes proportions mais vous concentrer sur une zone spécifique de l'image.

Resize and Fill : Ici, l'image est redimensionnée, mais tout espace supplémentaire (si le rapport d'aspect change) est rempli par une couleur ou un motif. Cela garantit que votre image s'adapte aux dimensions souhaitées sans déformer le rapport d'aspect original.

OK, il est temps de montrer des exemples mais surtout, de vous expliquer concrètement comment faire. Bon pour les impatients qui ne pourraient pas attendre pour télécharger les modèles se trouvant sur le lien que j'ai donné au début du chapitre, il faut les placer dans le dossier :

stable-diffusion-webui \ extensions \ sd-webui-controlnet \ models

Voici ceux qu'ils vous faudrait, du moins ce sont ceux que moi j'ai mis mais attendez de savoir ceux qui vous plaisent avant de tous les télécharger :

image_adapter_v14.yaml
sketch_adapter_v14.yaml
t2iadapter_canny_sd14v1.yaml
t2iadapter_canny_sd15v2.yaml
t2iadapter_color_sd14v1.yaml
t2iadapter_depth_sd14v1.yaml
t2iadapter_depth_sd15v2.yaml
t2iadapter_keypose_sd14v1.yaml
t2iadapter_openpose_sd14v1.yaml
t2iadapter_seg_sd14v1.yaml
t2iadapter_sketch_sd14v1.yaml
t2iadapter_sketch_sd15v2.yaml
t2iadapter_style_sd14v1.yaml
t2iadapter_zoedepth_sd15v1.yaml

```
cldm_v15.yaml
cldm_v21.yaml
control_sd15_canny.yaml
control_sd15_depth.yaml
control_sd15_hed.yaml
control_sd15_mlsd.yaml
control_sd15_normal.yaml
control_sd15_openpose.yaml
control_sd15_scribble.yaml
control_sd15_seg.yaml
control_v11e_sd15_ip2p.pth
control_v11e_sd15_ip2p.yaml
control_v11e_sd15_shuffle.pth
control_v11e_sd15_shuffle.yaml
control_v11f1e_sd15_tile.pth
control_v11f1e_sd15_tile.yaml
control_v11f1p_sd15_depth.pth
control_v11f1p_sd15_depth.yaml
control_v11p_sd15_canny.pth
control_v11p_sd15_canny.yaml
control_v11p_sd15_inpaint.pth
control_v11p_sd15_inpaint.yaml
control_v11p_sd15_lineart.pth
control_v11p_sd15_lineart.yaml
control_v11p_sd15_mlsd.pth
control_v11p_sd15_mlsd.yaml
control_v11p_sd15_normalbae.pth
control_v11p_sd15_normalbae.yaml
control_v11p_sd15_openpose.pth
control_v11p_sd15_openpose.yaml
control_v11p_sd15_scribble.yaml
control_v11p_sd15_seg.yaml
control_v11p_sd15_softedge.pth
control_v11p_sd15_softedge.yaml
control_v11p_sd15s2_lineart_anime.pth
```

Nous allons choisir une pose grâce à l'image suivante, que j'ai créé de toute pièce et que je vous autorise bien sûr à utiliser pour vos essais :

138

Nous allons nous baser sur un prompt similaire pour nos futurs essais et ce prompt c'est celui-là :

Raw photo of a beautiful,
(((volley player girl))), [violet hair:blonde hair:0.4],
looking at the viewer,
8k, highly detailed, incredible quality, masterpiece, vivid colors

Negative prompt :

EasyNegative, (worst quality:2), (low quality:2), (normal quality:2), bad art, ugly, extra limb

Je charge donc l'image dans la zone après avoir coché les 4 cases comme je l'ai déjà expliqué plus haut. Voici la capture :

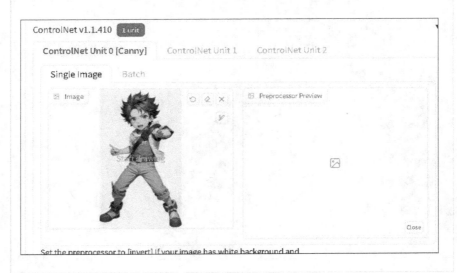

Ensuite je sélectionne le préprocesseur et le modèle, je choisis un modèle basé sur le type de contrôle Canny :

Je reste en mode Balanced pour faire moité prompt, moitié controleNet et en Just Resize. Je clique sur la petite icône d'explosion pour activer le modèle et la prévisualisation. Ce qui me donne l'aperçu suivant :

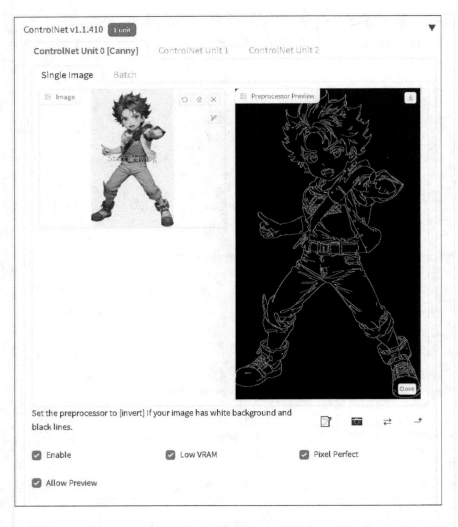

Set the preprocessor to [invert] If your image has white background and black lines.

Ensuite je lance la génération d'image et j'obtiens l'image suivante :

Ce qui n'est pas terrible puisque ça marche beaucoup trop, je vais donc devoir jouer sur les paramètres.

Je vais dire que mon prompt est plus important :

BEAUCOUP MIEUX, mais on peut s'améliorer. Nous allons juste jouer sur le Control Weight, commençons à 0,35:

Nous sommes dans la bonne direction, essayons 0,6 :

Ok vous avez compris l'idée. Essayons d'autres types de contrôles. Essayons le **SoftEdge**, réglé comme sur la capture :

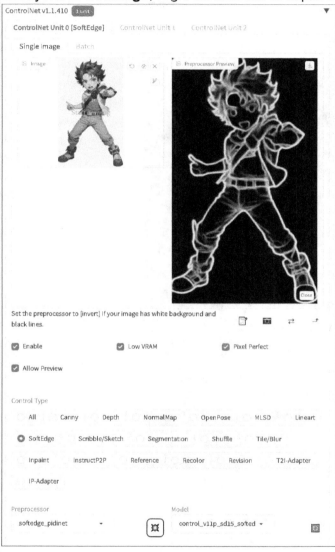

J'ai remis sur Balanced avec un Control Weight à 1 :

Pas mal. Il n'a pas respecté la couleur des cheveux mais c'est pas mal. Essayons de mettre le prompt plus important :

Non !

Il va falloir jouer un peu plus avec les paramètres.

Bon là, j'ai eu besoin de faire une légère modification du prompt pour obtenir ce que je voulais. Voici le nouveau prompt :

Raw photo of a beautiful,
(((volley player girl))), [(((violet hair)):((blonde hair)):0.4], ((pixie haircut)),
looking at the viewer,
8k, highly detailed, incredible quality, masterpiece, vivid colors

J'ai mis des couples de parenthèses sur les couleurs de cheveux mais j'ai aussi rajouté une coupe de cheveux spécifique.

Le pixie haircut qui est la coupe que vous voyez sur la capture suivante. J'ai aussi entouré la coupe de cheveux de plus couples de parenthèses. D'ailleurs j'ai envoyé l'image dans Pnginfos pour vous afficher tous les paramètres d'un coup :

Prompt :
Raw photo of a beautiful,
(((volley player girl))), [(((violet hair)):((blonde hair)):0.4], ((pixie haircut)),
looking at the viewer,
8k, highly detailed, incredible quality, masterpiece, vivid colors

Negative prompt:
EasyNegative, (worst quality:2), (low quality:2), (normal quality:2), bad art, ugly, extra limb

Steps: 30,
Sampler: DPM++ 2M Karras,
CFG scale: 11,
Seed: 3428559843,
Size: 520x904,
Clip skip: 2,

Nous n'avons pas vu le ClipSkip, je vous propose de l'expérimenter vous-même car nous ne pouvons pas tout voir en un seul livre.

Token merging ratio: 0.2,
NGMS: 15,

Pareil pour les deux précédents paramètres mais en gros ils concernent l'optimisation de prompt (pour la rapidité).

ControlNet 0:
Module: softedge_pidinet,
Model: control_v11p_sd15_softedge [e3b0c442],
Weight: 0.8,
Resize Mode: Just Resize,
Low Vram: True,
Processor Res: 512,
Guidance Start: 0,
Guidance End: 1,
Pixel Perfect: True,
Control Mode: Balanced.

Et voici l'image :

Nous n'allons pas faire tous les préprocesseurs ni modèles dans ce chapitre car ControlNet nécessiterait presque un livre à lui tout seul mais, vous avez maintenant suffisamment d'informations pour faire vos propres tests.

Le Script XYZ plot

La réussite des créations en IA repose non seulement sur le talent, mais aussi sur l'utilisation efficace d'outils sophistiqués. Parmi eux, le "Script XYZ Plot" de Stable Diffusion se distingue. Cet outil rationalise votre processus créatif, offrant un plan d'action concret pour votre génération visuelle en IA.

Comment utiliser le "Script XYZ Plot" dans Automatic1111 ?

Ce Script, que l'on trouve dans le menu déroulant 'Script' au sein de l'interface Web A1111, permet la création d'une grille composée d'images définies en utilisant divers paramètres. En gros, vous choisissez jusqu'à 3 types de paramètres différents (d'où le nom XYZ), comme par exemple X : le step, Y : le sampler, Z : le CFG Scale et vous leur donnez des valeurs par exemple pour X (steps):20, 30, 40 pour Y(Sampler) : Euler A, Heun, et pour Z (CFG Scale) : 7.0, 12.0 et ça vous crée toutes les combinaisons possibles. Exemple :

Step : 20, Sampler : Euler A, CFG Scale : 7.0
Step : 20, Sampler : Euler A, CFG Scale : 12.0

Step : 20, Sampler : Heun, CFG Scale : 7.0
Step : 20, Sampler : Heun, CFG Scale : 12.0

Step : 30, Sampler : Euler A, CFG Scale : 7.0
Step : 30, Sampler : Euler A, CFG Scale : 12.0

Step : 30, Sampler : Heun, CFG Scale : 7.0
Step : 30, Sampler : Heun, CFG Scale : 12.0

Step : 40, Sampler : Euler A, CFG Scale : 7.0
Step : 40, Sampler : Euler A, CFG Scale : 12.0

Step : 40, Sampler : Heun, CFG Scale : 7.0
Step : 40, Sampler : Heun, CFG Scale : 12.0

Cela permet une exploration complète de diverses sorties simultanément, en utilisant différents réglages. Considérez le "Script XYZ Plot" comme une boussole créative. Il vous permet de cartographier un éventail de variations d'images générées par l'IA, fournissant une direction plus claire pour votre projet, présentant une matrice de résultats d'images potentiels basés sur divers paramètres.

1. Accéder au "Script XYZ Plot"
Dans le menu déroulant "Scripts" :

Script

None ▼

2. Sélection du type XYZ :
sélectionnez le script "X/Y/Z plot"

✓ None

Custom code

Prompt matrix

Prompts from file or textbox

X/Y/Z plot

StylePile

Multi Subject Rendering

controlnet m2m

Seed travel

Create inspiration images

▼

Une fois à l'intérieur, vous verrez les champs de type X, Y et Z. Ceux-ci représentent les trois paramètres que vous souhaitez explorer simultanément. Chaque sélection offre une grande variété d'options, y compris 'Seed', 'Steps', 'CFG Scale', 'Sampler', et plus encore.

3. Valeurs XYZ :
À droite de chaque champ de type XYZ, vous trouverez les valeurs correspondantes. Celles-ci dépendront du paramètre choisi à l'étape précédente.

Par exemple, si vous avez sélectionné 'Steps' comme type, vous entrerez les valeurs des étapes que vous souhaitez examiner.
Si 'Sampler' est votre choix, vous choisirez dans une liste déroulante d'échantillonneurs.

J'ai choisi quelques valeurs :

X : Sampler et en valeurs : Euler A, Heun, DPM++ 2M Karras, DDIM

Y Steps : et en valeurs : 15, 30, 45

Z : CFG Scale et en valeurs : 7, 11, 15

Comme sur la capture suivante :

4. Génération :

Avec vos paramètres et valeurs définis, il est temps que la magie opère. Le "Script XYZ Plot" générera une matrice d'images qui représente toutes les combinaisons possibles de vos paramètres et valeurs sélectionnés. Le résultat est un puissant catalogue visuel, fournissant un aperçu global de vos variations d'images.

157

Cliquez sur Generate. Une fois fait, à chaque image finie, elle apparaîtra dans le même dossier que d'habitude mais quand tout le process sera terminé, la ou les grilles apparaîtront dans le dossier :

stable-diffusion-webui \ outputs \ txt2img-grids \ et le sous-dossier de la date du jour.

Dans ce dossier, il vous montre le résultat en deux temps. Une image pour montrer le résultat en entier.

Voici l'image :

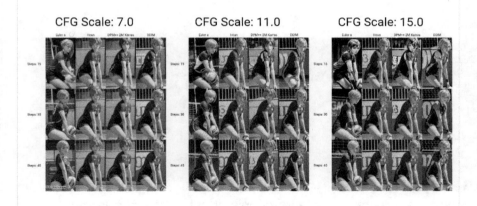

Et ensuite le tout scindé en plusieurs images. Ici c'est en 3. Voici les images :

La première pour la première valeur du Z, le CFG Scale à 7.0 :

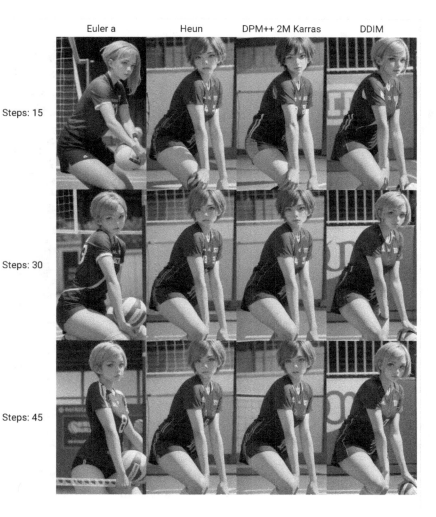

La seconde pour la deuxième valeur du Z, le CFG Scale à 11 :

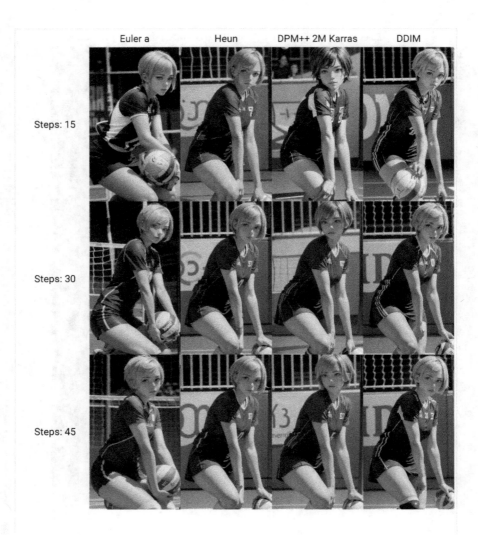

	Euler a	Heun	DPM++ 2M Karras	DDIM
Steps: 15				
Steps: 30				
Steps: 45				

Et la troisième pour la troisième valeur du CFG Scale : 15.0 :

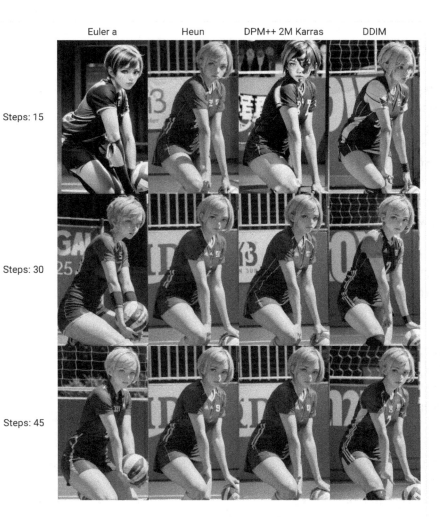

Dans les champs de type X·Z, nous pouvons en sélectionner 3 à la fois :

Rien
Seed
Var.seed
Steps
Hires steps
CFG Scale
Prompt S/R (Le search and replace, nous allons en parler)
Prompt order
Sampler
Checkpoint name (Le modèle)
Negative Guidance minimum sigma sigma
Churn Sigma min
Sigma max sigma noise
Eta Clip skip
Denoising
Hires upscaler
VAE Styles
UniPC Order
Face restore
Token merging ratio
Token Merging ratio high-res

Et d'autres très intéressants sur ControlNet qui nous auraient été très utiles plus haut pour trouver les bons paramètres, parce que c'est réellement de cela qu'il s'agît :
Le Script XYZ Plot est à utiliser pour trouver les bons paramètres.

Le Prompt S/R :
Permet de faire un search and replace S/R dans le prompt. Par exemple prenons le prompt suivant :

Raw photo of a sexy,
(((volley player girl))), [(((violet hair)):((blonde hair)):0.4], ((pixie haircut)),
looking at the viewer, (((from front))),
8k, highly detailed, incredible quality, masterpiece, vivid colors

Imaginez si l'on veut tester avec différents points de vues. On va sélectionner Prompt S/R pour le X et en valeurs nous mettrons :

front, above, below

Et je me permets même d'en mettre un en Y et de mettre les valeurs :

volley, soccer, basketball

ATTENTION : *ça se nomme* **Search and Replace***, donc si vous ne mettez pas le premier terme de vos valeurs dans votre prompt, il ne le trouvera pas pour le changer avec les autres.*

Je devrai donc avoir de jolies joueuses pour les sports suivants :
volley, soccer, basketball
et nous devrions les voir depuis :
le haut, le bas et en face.

Voyons la grille pour savoir ce qu'il en est :

	front	above	below
volley			
soccer			
basketball			

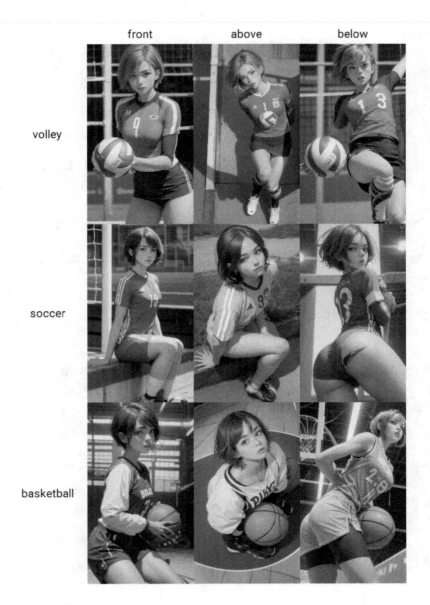

Ah une des demoiselles a déchirée son short... Bon sinon pour le résultat c'est vraiment pas mal. Je précise que j'ai utilisé mon propre modèle pour créer ces images qui est un mix entre DreamShaper et un modèle de mangas.

Le Merging de deux modèles

Je vous propose maintenant de créer notre propre modèle, ou plutôt, merge de modèles.

Allons sans plus attendre dans l'onglet **Checkpoint Merger**, vous y verrez l'interface suivante :

Décomposons les options :

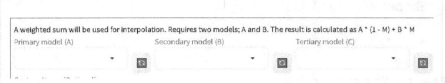

Ici il s'agit des champs pour charger les modèles à merger. Vous pouvez en Merger 3 en même temps mais je ne l'ai jamais fait. Personnellement je me contente de 2 ce qui est suffisant.

Le **custom name**, c'est le nom que vous voulez donner à votre modèle, car oui, en sortie vous aurez créé votre propre modèle.
On continue :

Ensuite vous avez le slider (la glissière) **Multiplier** qui vous permet de choisir quel est le modèle qui sera dominant dans le merge. C'est un peu le même principe que pour le morphing, sauf que là, 0 signifie : le modèle A en totalité et 1 signifie le modèle B en totalité.

Pour l'**interpolation Method**, je laisse Weighted sum mais rien ne vous empêche d'essayer les autres.

Pour **checkpoint format** : mettez safetensors.

Pour **copy config from** : bon, là c'est assez simple à comprendre vous lui renseignez de quel modèle vous voulez lui faire hériter la configuration. Moi je charge toujours le plus gros modèle en A et je laisse la config du A (première option, celle avec : A,B or C).
Pour **save as float16** ça dépendra de votre carte graphique.

Pour finir vous cliquez sur **Merge** et vous attendez (entre 2 et 10 minutes).

Ensuite, il vous suffira de choisir votre modèle dans le champs en haut à gauche de la fenêtre et vous pourrez commencer à générer.

168

Conclusion

Voilà, ce livre est à présent terminé, alors voici un petit récapitulatif de ce que nous avons appris :

Nous avons installé Automatic1111 qui est une interface graphique en local pour utiliser Stable Diffusion.

Nous avons découvert l'interface avec des nombreux paramètres et nombreuses fonctionnalités, que nous ne pouvons pas toutes parcourir en un seul ouvrage. Malgré tout nous avons découvert :

Txt2img qui est le mode pour créer une image à partir d'un texte.

Dans ce mode, nous avons vu :

les prompts (positifs et négatifs), le prompt positif sert à générer l'image en recevant des mots-clés ou groupes de mot-clés en Anglais et séparés par des virgules.

Nous avons vu que nous pouvions choisir un sampler et que nous devions définir un nombre d'étapes.

Le CFG Scale permet de définir un ratio entre : créativité et liberté de création de l'IA et Respect des directives de l'utilisateur.

Ces deux valeurs vont respectivement de 1.0 à 30.0 :

1.0 :Hyper créatif

30.0 : respecte le prompt sans prendre aucune liberté.

Nous avons vu aussi le prompt négatif qui nous permet d'éliminer ce que nous ne voulons pas dans l'image.

Img2img qui est le mode qui permet de générer une image depuis une autre image de départ. Nous nous sommes plutôt focalisés sur le partie **inpaint** de **img2img**, qui nous permet de peindre la zone que nous voulons changer, ou que nous voulons ne pas toucher sur l'image initiale.

Nous avons vu que **Pnginfos** nous permettait de prendre une image et de nous donner ses paramètres de générations que nous pouvons directement intégrer pour reproduire.

Nous avons découvert Civitai qui nous permet de chercher un modèle ou un embedding dans le but de nous faire générer des images dans un thème différent. Nous pouvons aussi aller sur Civitai pour récupérer les images des autres pour nous inspirer ou nous permettre d'avoir une base de départ pour nos images en les envoyant dans **inpaint** par exemple.

Nous avons appris à générer un bon prompt et respecter les subtilités pour que l'image générée corresponde le plus possible à ce que nous souhaitions. En respectant non seulement la structure du prompt mais aussi, en mettant l'accent sur les mots-clés avec un système de poids par le biais de ratios et de couples de parenthèses. Nous avons ensuite appris à faire du morphing de deux images ce qui peut être assez sympa.

Les points de vues sont quelque chose de très important pour rajouter une émotions ou remettre l'image dans le bon contexte et ce que nous avons parcouru.

Nous avons ensuite appris à générer nos personnages dans la position que nous souhaitions grâce à l'extension ControlNet qui nous permet de lui envoyer une image dans le but de récupérer la position du personnage pour que celui de l'image généré respecte le même contexte et les mêmes traits.

Nous savons après ça que nous ne pouvons générer une image du premier coup car même les pros n'y arrivent pas et c'est pourquoi, le script XYZ plot nous est d'un grand soutient, puisqu'il nous permet de tester plusieurs combinaisons de paramètres dans le but de pouvoir comprendre lesquels collent le mieux pour générer l'image que nous souhaitons vraiment.

A l'heure ou vous lisez ces lignes, il y a fort à parier que la suite de ce livre soit en cours d'écriture, ou même que le livre soit déjà publié. Alors n'hésitez pas à aller vérifier car la prochaine fois, nous allons aller encore plus loin dans la maîtrise d'Automatic1111.

Merci d'avoir acheté ce livre et à bientôt.

www.ingramcontent.com/pod-product-compliance
Lightning Source LLC
LaVergne TN
LVHW051337050326
832903LV00031B/3592

* 9 7 9 8 8 6 4 2 9 4 9 3 2 *